朝日新書
Asahi Shinsho 636

もの言えぬ時代

戦争・アメリカ・共謀罪

内田　樹　加藤陽子　高村　薫
半藤一利　三浦瑠麗　ほか
朝日新聞東京社会部・編

朝日新聞出版

目次

第1部　日本の未来と私たちの選択　9

内田　樹

国家主権の回復は日本人の歴史的使命である　10

文明史的な転換点にある世界／人口減少と超高齢化に直面するニッポン／ネポティズムに陥った安倍政権／対米従属の中の「代官政治」／対米従属が生まれた歴史／理想の国はシンガポール？／今こそ日本の主権回復を

加藤陽子

国家と国民の関係が変わる時　34

一、はじめに　35

二、私的領域と公的領域　37

教育勅語をめぐる葛藤／教育勅語の位置づけの変容

三、国会と内閣の関係　41

国会での審議形式の変化／退位をめぐる特例法の審議でも
四、共謀罪をめぐる日本の対応　46
国連特別報告者の提示した論点／当局による監視活動への歯止めが必要／政府の反応の裏面にあった「大前提」とは／歴史から学べることは何か

髙村　薫
異論を排除する空気に私は言葉で抗う　58
「復古」を求める人々／横行する私的な歴史解釈／原則無視がもたらした結果／国民の日常生活が監視される／異論を排除する社会／立憲主義否定の出発点／しっかりと目を見開いて社会を見る／社会の暴走を許さない力のある日本語を

半藤一利
日本はポイント・オブ・ノーリターンを超えた　78
世界史の中の昭和史／明るかった昭和のくらし／ポイント・オブ・ノーリターン／空襲の焼け跡で決意／「戦争ができる国」の条件／「共謀罪」法と治安維持法／歴史家が見る安倍政権／北朝鮮は大日本帝国の亡霊か／歴史は繰り返さ

れるのか
三浦瑠麗
9条を信仰している人たちが戦争を起こす 104
安倍政権の右傾化とはどういうものか／護憲が去り「生活保守」が台頭する社会／反米から反中に変わるナショナリズム／日本型リベラルの欺瞞／安倍政権と憲法改正／憲法9条を失った日本の行方／共謀罪をめぐる議論の問題点／徴兵制で批判されたことへの反論

第2部 「共謀罪」は歴史を歴史をどう変えるか 137
落合恵子
伝えない不誠実さ、伝わらないジレンマ 138
ドリアン助川
反権力作品、いまは罪に問われぬが 142

小林よしのり
自由奪われた羊にさせられるのは嫌 146
平野啓一郎
監視されるかも、気にする社会恐ろしい 150
周防正行
心の内、絶えず監視される社会に 154
溝口　敦
暴力団対処の論法が一般人にも 158
荻上チキ
監視社会と堂々と示して審議を 162
青木　理
自由が死滅する。それでいいのか 166

宮嶋茂樹
不肖・宮嶋「共謀罪」を語る 170
江川紹子
思考停止の雰囲気。それでいいのか 174
田原総一朗
自民党内に議論なし一番怖い 178
池内 了
科学者の思想、裁かれた歴史も 182
尾木直樹
時間切れの多数決、やっちゃいけない 186
小澤俊夫
表現、文化にとっては致命的 190

亀石倫子
恣意的な運用は日常茶飯事　194
杉浦正健
当時は通すつもりなかった　200
荻野富士夫
治安維持法と危険性共通　206
パトリック・ハーラン
乱用されぬ仕組みづくりを　210
水野智幸
恣意的な運用に懸念　214
おわりに　218

本文写真：朝日新聞社

第1部

日本の未来と私たちの選択

内田 樹

Tatsuru Uchida◉哲学者

国家主権の回復は日本人の歴史的使命である

国民国家の液状化と帝国への再編――。
この劇的な局面において、
日本は未来へのビジョンを描けずにいる。
私たちはこれから何を目指すべきなのか?

うちだ・たつる／1950年生まれ。神戸女学院大学名誉教授。専門はフランス現代思想、武道論など。著書・共著に『街場の文体論』『日本の反知性主義』などがある。神戸市で武道と哲学のための学塾「凱風館」主宰。

文明史的な転換点にある世界

今、世界は文明史的な転換点に差しかかっています。枠組みそのものが地殻変動的に変わってきている。既に無効になりつつある20世紀的枠組みにしがみつき、今起きている変化を直視することを拒絶している人たちと、新しい時代の変化に総力を挙げて対処しないと生き延びられないと覚悟している人たち、その二つの間の分裂がしだいに大きくなってきているように思います。

文明史的転換のひとつの際立った兆候は国民国家の液状化です。国民国家という政治単位そのものが国際政治のプレイヤーとして機能しなくなってきている。

国民国家というのは1648年のウエストファリア条約に基づいて設計された政治的な枠組みです。国境線で確定された国土があり、常備軍、官僚組織があり、宗教、言語、生活文化を共有する国民によって構成されている。それが国民国家の条件です。

国というのは「もともとそういうもの」だと思っている人が多いようですけれど、国民国家が基礎的な政治単位であったのはたかだか350年に過ぎません。それ以前は「帝国の時代」でした。神聖ローマ帝国皇帝でスペイン王でもあったカール5世が国際政治のキープレイヤーだった時代には、彼のカウンターパートはフランソワ1世、ヘンリー8世、スレイマン1世、マルチン・ルターといった個人でした。国家ではなかった。現に、ヨーロッパの金融業者たちが金を貸し付けた相手は皇帝や国王個人であって、国ではなかった。ですから、借財は一代限りで返済しなければならなかった。国という法人が借金をすることができるようになったのは国民国家成立以後の話です。

その国民国家が合理的な政治単位であった時代が今終わろうとしています。地域によって遅速の差はあるでしょうけれど、世界は再び「帝国の時代」になると予測されています。

21世紀の「地域帝国」はいくつかの国民国家が融合してできた連合体となりそうです。地域帝国内部にいくつかの自治的組織が等権利的に共存しており、それぞれがある程度の自立性を維持しつつ、全体としてゆるやかな政治経済共生圏を形成する。

サミュエル・ハンチントンの『文明の衝突』は、発表当時あまりまともに取り合う人がおりませんでしたけれど、21世紀になってみると、彼の予想通りに世界は7つか、8つの「地域帝国」に再編されてゆきそうな趨勢《すうせい》にあります。

中国とロシアはそれぞれかつての清王朝、ロマノフ王朝時代の版図を回復しようとしています。アメリカは「世界の警察官」であることを止めて「アメリカ・ファースト」を掲げる北米の一地域帝国に縮減しつつあります。EUはかつての神聖ローマ帝国の何度目かの「甦り」です。中近東のテロと内戦はカリフを戴《いただ》くオスマン帝国の再建抜きには考えられないという説には十分な説得力があると私は思っています。

日本の場合、周囲を海に囲まれた島国であるために、住民の文化的同一性が高く、国民国家という形態がごく自然なものに感じられますが、それが世界史的に見ればかなり例外的なものであることを忘れてはいけないと思います。日本もまたいずれは世界の帝国的再編の中で採るべき態度を迫られることになります。

人口減少と超高齢化に直面するニッポン

帝国化という文明史的趨勢と並んで、日本の場合は、人口減少という喫緊の課題が切迫しています。1億2700万人の人口が21世紀末には中位推計で5000万人にまで減ると予測されています。80年あまりで人口が7000万人減るのです。その時点での高齢者率は41％。このような人口減少・超高齢化を日本も、世界のどんな社会もかつて経験したことがありません。どう対処してゆけばいいのか、「正解」を知っている人間はどこにもいません。

何が起きるのか、社会構造はどう変わるのか。今すぐに衆知を集めて予測を立て、対応策を講じる必要があります。でも、そのような危機感は社会的には共有されていない。いまだに政官財の要路にある人々は「成長戦略」とか「少子化対策」というような空語をむなしく語っているだけで、ゼロ成長、人口減の時代にどうやってソフトランディングするかという緊急で具体的な問いには取り組む気がない。

17世紀の英国に生まれた「株式会社」という歴史的形成物も、そろそろ賞味期限が終わりに近づいています。株式会社は右肩上がりの経済成長と人口増を前提に制度設計されているからです。

人口減は日本でまず始まりますが、2050年頃までには全世界レベルで合計特殊出生率が2・1を切る「人口転換」が起こります。遠からず世界のすべての国で人口減が始まり、経済成長が停止する。株式会社の存立条件そのものがなくなるのです。

ゼロ成長はすでに先進国では次々と現実のものとなっています。これは人類史上はじめての事態です。これにどう対処して、社会の安定と、国民生活の質の維持を図るか、それに知恵を絞らなければならない時が来ている。でも、真剣にこの問題に取り組んでいる人間は、日本の政治家や官僚やメディア知識人の中にはほとんど見ることができません。いまだに五輪だ、万博だ、カジノだ、リニア新幹線だという「20世紀型ソリューション」にしがみついて「起死回生の大博奕《ばくち》」で経済が浮揚するというようなありえない夢を語っている。

資本主義末期の際立った特徴は一握りの富裕層と大多数の貧困層への階層の二極化です。「選択と集中」理論に基づいて、限りある資源をすべて「勝ち組」に委ね、彼らがどかんと稼いだら、その「おこぼれ」が貧困層にも「滴り落ちる（トリクルダウン）」という新自由主義理論が20世紀末から世界中で語られてきました。でも、実際には世界のどこでも「トリクルダウン」は起こらなかった。富裕層たちはひたすら彼らの個人資産を天文学的数字にまで高めることに熱中し、貧困層への富の分配にはほとんど熱意を示さなかった。

その結果、今世界で最も裕福な8人が保有する資産は、世界の貧困者36億人が保有する資産と同額というまでの富の偏在が生じました。

経済活動というのは、煎じ詰めれば人間が生きてゆくために必要なものを製造し、流通させ、消費することで回るものです。でも、この8人が日々消費する生活財や、彼らが愉快に暮らすために創出する雇用はごくわずかなものに過ぎません。富裕層にいくら富を集めてみても、実生活において費消できるのは、せいぜい自家用ジェット機を日替わりで乗るとか、毎日ゴルフをしてパーティを開くとか、世界各地にペントハウスを買うとかいうくらいのものです。その経済効果は36億人の経済活動がもたらすものとは比較になりません。

富裕層は要るものはすべてもう持っているので、新たに買うものがない。あとはもう「貨幣で貨幣を買う」ことしかすることがない。だから、彼らは株を買い、債券を買い、土地を買い、石油を買い、金を買い、ウランを買う。でも、これらはいずれも貨幣の代替物ですから、これは貨幣で貨幣を買っているにすぎない。そのような水準でどれほど天文学的金額が行き来しようと、それはわれわれの日常生活にはいかなる経済効果ももたらしません。

今しなければならないのは、中産階級のこれ以上の崩落を防ぎ、貧困層を中流に押し戻すことです。資本主義経済の「延命」ということを考えたらそれ以外に合理的な手段はありません。別に私には資本主義経済の延命策を考える義理なんかないのですけれども、常識的に考えたら、それしか手がないことは誰にだってわかるはずです。にもかかわらず、政治家もエコノミストも「選択と集中」「勝てそうなセクターに全資源を集めろ」「金持ちをさらに金持ちにしろ」というすでに失敗が明らかになった政策を一つ覚えのように繰り返すことしかできないでいる。この局面での、この知性の不調はほとんど絶望的です。

ネポティズムに陥った安倍政権

こうした状況に対処しなければならないのに、安倍政権はネポティズム（縁故主義）の毒に自ら侵され、また毒を国内に撒き散らしています。ネポティズムとは自分に追従するイエスマンたちだけを登用し、彼らに限られた資源を優先的に分配することです。今政権周辺にいる政治家たちのほとんどは二世、三世の「世襲」政治家たちです。彼らは主観的には一種の「貴族階層」を形成しています。イデオロギー的に親和性が高く、国民国家の液状化・格差の拡大という危機的状況から短期的には利益を得られる人々が官邸周辺に集まっている。そして、この集団に権力も、財貨も、情報も、文化資本も、残り少なくなった国民資源を排他的に集中させることが国益にかなうのだというイデオロギーを宣布している。

ネポティズムは「貧すれば鈍す」的状況で採択される典型的な政治的態度です。パイが大きくなっている局面では、一人ひとりのパイの取り分は増え続けるので、分配方法に多少のアンフェアがあっても、あまり気にしない。でも、これ以上パイが増大することが期待できないという「貧する」局面になると、権力者たちはあからさまに自分の身内にだけ手厚く分配してゆくようになる。森友学園・加計学園問題は今の政権のネポティズム的本質を露呈させたものです。

しかし、ネポティズムの毒は単なる身びいきとか利己心というようなものにはとどまりません。権力を持つものが身内とイエスマンだけを重用するというマナーは短期間にあらゆる領域に広がります。現に、権力を持つものが自分に阿諛《あゆ》追従するものたちだけを重用し、批判的なものには何も与えないという「ルール」はこの数年で日本中のすべての組織に蔓延《まんえん》してしまいました。

例えば大学がそうです。文科省が次々と命じる「大学改革」なるものは、過去四半世紀ことごとく失敗してきたわけで、それが有害無益であることを大学人たちは熟知しているはずなのですが、それでも文科省の通達に従う大学にしか助成はなされないので、大学はやむなく文科省の指示に従う。

しかし、それ以上に問題なのは、同じことが次は学内でも再生産されることです。屈辱的な思いに耐えて文科省からの資源分配に与った学長や理事長が、今度は学内で「文科省のように」ふるまうことになる。彼らの指示に唯々諾々と従うイエスマンたちだけに研究教育資源を分配し、上の言うことを聞かずに、独立的に研究教育をする教員たちには何も与えない。気が付けばいつの間にか日本の大学は「イエスマンしか出世できない」場になってしまった。

歴史が教える通り、多くの知的イノベーションは「へそまがり」や「横紙破り」によって果たされてきたわけですけれど、今の日本のアカデミアにはそういうタイプの学者の居場所がもうありません。日本の大学がイノベーションにおいて先進国最低にまで急落したことは海外メディアでは繰り返し報道されていますけれど、それは単に研究資金が減少したからだけではありません。ネポティズムの蔓延によって、独立心の強い研究者に活動の場が与えられなくなったからです。

対米従属の中の「代官政治」

現在世界は「国民国家の液状化」と「帝国への再編」という文明史的転換点にさしかかっています。その劇的な局面において、日本はどういう未来についてのヴィジョンを持っているのか。

アメリカが「アメリカ・ファースト」の「普通の国」に縮減し、世界を俯瞰《ふかん》する「パックス・アメリカーナ」の構想が消えた後、日本はアメリカ帝国の西の辺境となるのか、中華帝国の東の辺境となるか、あるいは日韓台連携の東アジア共同体をめざすのか、国家戦略の根幹にかかわる分岐点に来ています。おそらくエスタブリッシュメントの人々は「アメリカ帝国の西の辺境」として生き残るのを「この道しかない」と突き進むつもりでいるのでしょう。

　けれども、アメリカはこの属国をこのあとひたすら収奪するだけだと私は思っています。かつてのアメリカには長期的な世界戦略がありました。でも、今のアメリカにはもうそれがない。一国の国力を形成するのは軍事力と経済力だけではありません。それと同時に、あるいはそれ以上に、「世界はどうあるべきか」について、広々として、風通しのよいヴィジョンを提示できる指南力が重要です。だから、小国であっても、世界はどうあるべきかについて、合理的でかつ夢のあるヴィジョンを提示できた国は国際的な威信を獲得することができます。

　でも、今のアメリカにはそのような意味においての指南力がありません。世界はこうあるべきだと国際社会に向けて発信するメッセージがもうない。「アメリカがよければそれでいい」と開き直った。トランプが大統領に選ばれたのは、そのようなアメリカ国民自身の世界に対する関心の喪失を表しています。これからもアメリカは引き続き他国に命令や要求はするかもしれませんが、世界のあるべき理想について語ることはもうないでしょう。ただ、「オレはこうしたい。オレに協力しろ。オレに従えばそれなりのほうびを与えるが、しなければ処罰する」というシンプルな定型文を他国に突き付けるだけになる。日本に対しても「アメリカの国益を最大化するために日本は何ができるのか」という問いが繰り返されるだけでしょう。

安倍政権はそれを受け入れる気でいます。もう自分たちは「属国の代官」でいいと思っている。アメリカの国益を最大限配慮する代わりに、国内的には好きなことをさせてもらう。かつて韓国の朴正煕や、フィリピンのマルコスや、インドネシアのスハルトはアメリカの独立宣言の理念とも憲法の統治原理ともまったくなじまない非民主的で強権的な独裁者でしたが、アメリカの世界戦略に協力するという誓約をなすことで、国内的には何をしても許される政治的フリーハンドをアメリカに約束されました。

安倍政権は同じことをアメリカに求めている。日本国内でどれほど非民主的で強権的な体制をつくっても、その政体がアメリカの国益を最大限配慮するという約束を果たす限り、アメリカは日本の内政には干渉しない。求めるだけの年貢をもって来るのが「良い代官」である、と。アメリカはそう考えています。

問題なのは、その日米関係が国内でも再生産されていることです。つまり、アメリカの「イエスマン」になることによって、国内的にはどれほど非道なことをしても「お咎《とが》めなし」であるという特権を享受した政権は、それとまったく同じロジックによって、自国内では、政府にこびへつらうイエスマンたちがどれほど非道なふるまいをしてもそれを咎めないというルールを採用した。日米関係が国内では「政権とその追従者たち」の関係として矮小《わいしょう》化されたかたちで再演されている。それがネポティズムの実相です。

対米従属が生まれた歴史

繰り返し確認しますが、日本は主権国家ではありません。日本はアメリカの属国です。敗戦国日本にとっては、占領者であるアメリカにひたすら従属することで、アメリカの信頼を回復し、それを通じて国家主権を取り戻すことしか現実的な選択肢はありませんでした。「対米従属を通じての対米自立」、それが戦後一貫して日本がとってきた国家戦略です。この国家戦略は戦後日本については必然的であり、かつ十分な合理性を持ったものだと私も思います。

現に、6年間の従属の成果として、1951年サンフランシスコ講和条約で国際法上の国家主権は回復されましたし、朝鮮戦争、ベトナム戦争でアメリカの後方基地としてアメリカの戦争を全面的に支援した代償として、1972年には沖縄の施政権が返還された。この時点までについて言えば「対米従属を通じての対米自立」という国家戦略はそれなりの果実をもたらしました。

けれども、そこから日本の迷走が始まります。一つは驚異的な高度経済成長のせいです。日本は70年代から一気に経済大国になりました。1980年代には経済力でアメリカを圧倒するようになります。このときの多幸感はその時代を生きていた人ならまだ記憶していると思います。当時日本人は「エコノミック・アニマル」と国際社会から蔑称で呼ばれましたけれど、別に日本は貪欲ゆえに金を求めていたわけではなく、アメリカを経済力で圧倒することを通じて国家主権を認めさせるという国民的悲願に挑んでいたように今となっては思えます。

あの時代の日本人が妙に明るかったのは、ただ「金があるから」ではなく、いずれ主権国家の国民になれるのだという期待を持つことが許されたからです。バブル期には、「日本列島の地価の総額でアメリカが二つ買える」という言い方がよくなされました。あれは「国家主権を金で買う」という国民的夢想の屈折した表現だったのだろうと思います。

けれども、バブル崩壊によって「金で主権を買う」という国家戦略は挫折します。その次に日本が模索したのは「政治大国化することで国家主権を回復する」というものでした。国際政治において米中ロと比肩できるほどの政治的実力を持てるようになれば、アメリカの属国身分からも脱却できるのではないかと考えたのです。この国家戦略の体現者が小泉純一郎首相でした。彼はジョージ・W・ブッシュ大統領と「ため口」をきき、ブッシュのろくでもない政策をすべて支持するというふるまいを「友情」に基づくものと説明することで、日米は「イーブン・パートナー」であるという幻想を（とりあえず日本国内では）撒き散らすことに成功しました。

でも、政治大国化による主権回復というプランも２００５年の国連安保理の常任理事国入りという野望の挫折によって終わります。この時、日本を支持して共同提案国になってくれたのは、アジアではアフガニスタン、ブータン、モルディブの３国だけでした。韓国も中国もＡＳＥＡＮ諸国も「日本が常任理事国になってもアメリカの票が一つ増えるだけだ」という理由で支持を手控えました。この手厳しい批判に日本の外交当局はついに効果的な反論ができませんでした。

この時に「対米従属を通じての対米自立」という国家戦略の根本的な背理が露呈されたのだと私は思います。対米従属がその頂点に達したときに（つまりアメリカの指示なしで日本がアメリカの国益のために自発的に行動するようになったとき）アメリカは日本に「のれんわけ」を許すだろうという日本側の希望的予測は、対米従属がその頂点に達したときに、世界の日本以外の国は「日本はアメリカの真の属国になった」と判断するだろうという当然のことを勘定に入れ忘れていたのでした。

以後12年間、日本は迷走し続けています。「対米自立」の見通しはもうなくなりましたが、「対米従属」システムそのものは揺ぎなく活発に機能している。目的が失われて、手段だけが生き延びている。対米従属のための対米従属という出口のないループの中に現代の日本は閉じ込められている。

唯一の例外は民主党への政権交代のあと鳩山由紀夫首相が沖縄の米軍基地移転のために動いたときです。けれども、この時、日本の外務省も防衛省もメディアも一体となって「アメリカの国益を損なうような人物に日本の総理大臣は務まらない」という倒錯的なロジックを操って、鳩山首相を引きずり降ろしました。2010年のこの事件によって「対米従属国家」が名実ともに完成した。そう後世の歴史家は書くことでしょう。

こうした文脈の中で、安倍政権は2013年以降、特定秘密保護法、集団的自衛権の行使容認、安全保障法制、「共謀罪」法と、属国化路線を推し進めてきました。その過程で興味深いのは、どれほど強行採決を繰り返しても、内閣支持率は決して大きく落ちることがなかったということです。それは日本の有権者たちもまた日本が「対米従属国家」として生きる他にどういう選択肢があるのかもう想像できなくなっていたからだと思います。安倍首相の支持理由として「他に人がいないから」という回答が第一位ですが、これは言いかえれば「対米従属以外に国のあり方を思いつかないから」ということだと私は思います。

理想の国はシンガポール？

国家目標を失った日本がさしあたりモデルにしているのはシンガポールです。シンガポールの国是は「経済成長」です。すべての社会制度、すべての政策はそれが経済成長に資するか否かを基準に当否が判定されます。シンガポールは建国以来事実上の一党独裁です。治安維持法があって、反政府的な政治家やジャーナリストは令状なしで拘禁できます。もちろん反政府的なメディアはありませんし、反政府的な労働運動も学生運動も市民運動も存在しません。

その代わりに世界で最もビジネスしやすい国だと評価されている。それも当然です。

トップに話を通して、「身内」判定されれば、どんな便宜も図ってもらえるからです。「身内」判定されたビジネスマンにとっては夢のようにビジネスがしやすい国でしょう。

けれども、シンガポールと日本では国の成り立ちが違います。シンガポールは資源のない国です。食料もエネルギーも自給できない。飲料水さえマレーシアから買っている。生きるために必要なものはすべて金で買うしかない。だから「経済成長」が国是になるのには必然性があるのです。でも、なぜ日本がシンガポールの真似をしなければならないのか。

日本には温帯モンスーンの豊かな資源があり、耕地は肥沃《ひよく》で、多様な動植物が繁殖し、水量が豊かで、大気が清涼で、十分な食料自給力がある。原発に頼らなくてもクリーンエネルギーを確保するだけの自然環境がある。治安がよく、社会的インフラが整備され、観光資源に恵まれ、教育も医療もまだまだ余力があります。この「ありもの」の国民資源をどうやって活用するか、それを語るべき時なのに、そういうものを二束三文で叩き売っても「どかんと金儲け」をしたいという話しか聞こえてこない。

今こそ日本の主権回復を

日本はアメリカの属国であるにもかかわらず、あたかも主権国家であるようにふるまっているという集団的な自己欺瞞《ぎまん》によって深く病んでいます。病から回復するためには、まず病を認めるところからしか始まらない。重体の患者が「オレは健康だ」と言い張っているのと変わらない。そんなことをしたら病はどんどん重篤なものになるだけです。

戦争に負けるというのは歴史上「よくあること」です。その結果として大国の属国になるのも「よくあること」です。だから、その事実をまっすぐに受け止めたらいい。そして「国家主権の回復」を国家目標に掲げて、時間をかけて愚直にそれを達成してゆけばいい。それが敗戦国日本の選んだ道だったはずです。

けれども、今の政権はもうそういう長期的な国家目標を持っていません。それは彼らが「日本はすでに国家主権を回復しており、対米自立はすでに達成されている」という偽りの前提に基づいて政策を論じているからです。

ですから、沖縄に基地があり、不平等条約である日米地位協定があるのはアメリカからの命令ではなく、日本政府が安全保障上必要と判断して、「そうしてくれ」と要請しているからだという話になっている。安全保障もエネルギーも貿易も医療も教育も、国の根幹に関わる政策はことごとく日米合同委員会や年次改革要望書を通じてアメリカから指図されているわけですけれど、これもアメリカの国益を最大化することがすなわち日本の国益を最大化することであるという欺瞞的なロジックを政治家も官僚もジャーナリストも信じているか、信じているふりをしているからです。

私が言っているのはごく常識的なことに過ぎません。国土の一部が外国軍に占領され、司法権の一部が外国にあるような国はその語の本来の意味での独立国ではない。そう言っているだけです。不平等条約撤廃は明治政府の悲願でしたが、条約改正までには50年の歳月を要しました。今の私たちに課されているのもそれと同じくらいに根気の要る仕事です。明治の日本人はその重責を引き受けた。なぜ現代日本人にそれができないのか。

もし、明治年間に「日本はすでに完全な独立国であり、外国が自国民の裁判権を保持していたり、国内に治外法権の租借地を持っているのは、日本政府が主権国家として『そうしてくれ』とお願いしているからである」というような妄言を述べる政治家がいたら伊藤博文や陸奥宗光に「今すぐ政治家をやめろ」と一喝されていたでしょう。

（聞き手・岩崎生之助）

加藤陽子

Yoko Kato◉歴史学者

国家と国民の関係が変わる時

歴史は一回性のものであり、「いつか来た道」はありえない。それでも今起きつつある急速な変化は、過去の負の歴史を髣髴とさせる。

かとう・ようこ／1960年生まれ。東京大学教授。『それでも、日本人は「戦争」を選んだ』で小林秀雄賞受賞。『戦争まで』でリットン調査団と日本政府の対応を論じるなど、明治以降の戦争に関する著作で知られる。

一、はじめに

今や私たちは、国家と国民の関係が大きく変化する時代のただ中に生きているようだ。問題は、その変化を的確に表現し、その帰趨《きすう》を正確に予測するための感性と知見を、今の私たちがいまだ手にできていないことにある。2016年6月、イギリス国民がEU離脱を選んだ国民投票の結果について、また、同年11月、アメリカ国民が政治的経験皆無のトランプを大統領に選んだ選挙結果について、多くの情報を持ち、分析能力に長けていたはずのメディアや有識者が大きく外したことなど、いまだ記憶に新しい。

たしかに、経済合理性の多寡や政治的資質の有無からいえば、とうてい妥当とはいえないような選択を、時に人々は行ってしまうものだが、それは何故なのだろうか。国際政治のコラムニストであるイアン・ブレマーによる一つの答えは、国家への国民の信頼感が希薄となり、国家と国民の間にそれまで築かれてきた社会契約が途絶えたと感じ始めていた、国民の側からの国家への異議申し立てだったのではないかというものだ。[*1]
ただ、移民と差別をめぐる問題が深刻な社会問題化しているイギリスとアメリカでは、このような見立ては当てはまるかもしれないが、日本の場合、国家と国民との関係を急速に変え始めたのは、他ならぬ国家の側、為政者の側だという点で違いがあるように思われる。第一次安倍晋三内閣の主導で、２００６年になされた改正教育基本法の前文を見ておきたい。旧法である１９４７年制定の教育基本法が、「真理と平和を希求する」とした部分は、「真理と正義を希求」に修正された。「平和」が「正義」に変えられた点など象徴的だろう。また、「公共の精神」の尊重と、「伝統を継承」という字句も新たに加わった。
さらに、第三次安倍内閣下では、２０１５年の文科省告示により、道徳の教科化が図られ、18年度からは小学校で、19年度からは中学校で、学習指導要領に基づいた、科目としての道徳教育が始まろうとしている。

二、私的領域と公的領域

教育勅語をめぐる葛藤

数次の安倍内閣下で進んだ、国家と国民との関係の急速な変容の特徴を端的に述べれば、近代国家として必須の、私的領域と公的領域の截然《せつぜん》たる区別という原理、日本が敗戦を経て戦後に培った原理に、国家の側が手をつけ始めたことだろう。この点についてまずは、1890(明治23)年10月、第一回帝国議会前に発布をみた教育勅語をめぐり、明治政府内で見られた対立構造を見ておきたい。日本が近代国家へと歩み始めた時、19世紀の西欧諸国の憲法から多くを学んだことはよく知られている。*2 プロイセンをはじめとする近代国家は、宗教戦争の教訓を経て、人民の良心の問題に国家は介入しない「中性国家」として成立した。1946年の「超国家主義の論理と心理」の中で丸山眞男は、カール・シュミットの議論に従い、中性国家に説明を加えている。*3 いわく、真理や道徳などの内面的価値について国家は中立的立場をとり、そうした価値の選択と判断は、もっぱら他の社会集団（例えば教会）や個人の良心に委ねる姿勢だ、と。国家主権の基礎を、内面的価値から捨象された純粋に形式的な法機構に置き、国家としての安定を期すとの考え方である。

よって、議会開設を控えた明治国家が、民心の動揺を危惧する地方官らの要請で後の「教育勅語」に相当する精神的支柱の必要性を山県有朋首相に訴えた時、明治憲法の実質的起草者たる法制官僚・井上毅《こわし》は、勅語発布に反対した。山県宛の書翰で井上は、「君主は臣民の良心の自由に干渉」すべきでないから、もし絶対に勅語が必要ならば、「政事上の命令と区別して、社会上の君主の著作公告」として扱われるべきだとの考え[*4]を示した。井上の当初の構想では、天皇が学習院や教育会に行幸した時にでも、天皇の著作物として下賜すれば、立憲君主制をとる憲法体制への実害が少ないと判断していたが、結果的には、宮中で文部大臣に下賜する形がとられた。下賜形式という点で、井上の主張は山県や地方官らの要望の前に敗北したが、教育勅語に国務大臣の副署を付さなかったことで、この文書は政治的責任を負う主体を持たないもの、すなわち、政治上の命令とは区別されるものとの見識を、明治中期のこの時点で井上は、内外に示すことができた。

教育勅語の位置づけの変容

教育勅語が、君主の一つの著作物にすぎないとする井上の明晰な判断は、明治天皇のカリスマ性がそれほど高くなく、また、維新の元勲が多数生存していた時代には、国家の為政者の間では無理なく了解され、勅語の暴走はなかった。しかし、日清、日露の二度の戦勝によって天皇の権威が高まると、情況は一変する。教育勅語は、同じく国務大臣の副署を有しない、1882（明治15）年の軍人勅諭と同列の至高性を獲得していく。昭和戦前期には、教育勅語を軸として、国家は倫理的実態としての価値内容を独占的に決定できるようになっていた。こうして、国家秩序によって捕捉されない私的領域はどんどん狭くなってゆき、国家的社会的地位の価値基準は、その社会的職能よりも、天皇との距離で図られるようになっていく。ここに、丸山が「超国家主義の論理と心理」の中で、国家主義に「超」を付さなければならなかった構造が生まれる。国家主権が精神的権威と政治的権力を一元的に握った時、[*5] 国家によって捕捉されない私的領域は消滅に瀕する。この異様さを的確に表現するための術語が「超」にほかならなかった。

　国家が私的領域に侵入していこうとする方向性は、自由民主党が、2012年4月、野党時代に作成した日本国憲法改正草案の中にも見られる。現行憲法第13条〈個人の尊重、幸福追求権、公共の福祉〉の前段は、「すべて国民は、個人として尊重される」との文言だが、改正草案では「全て国民は、人として尊重される」に変えられている。同条後段も、現行条文が「公共の福祉に反しない限り」としているのを、「公益及び公の秩序に反しない限り」と書き、公益と秩序を前面に出した改正案となっている。「個人として」を「人として」と修正したことの意味は、計り知れないほど大きい。

三、国会と内閣の関係

国会での審議形式の変化

第三次安倍内閣は、今年（2017年）6月15日、参議院における通常の手続きである、参院法務委員会での採決を省略し、「中間報告」という異例の手続きを取った上で、参院本会議において、いわゆる共謀罪法案（改正組織犯罪処罰法）を可決・成立させた。共謀罪の中身の議論をする前に、その手続きの異様さに注目したい。国家と国民の関係が変化しているという時、それは、内閣と国会の関係の変化としても捉えられるからだ。

日本国憲法第四章で定める国会は、国権の最高機関であり、国の唯一の立法機関であり（第41条）、両議院は全国民を代表する選挙された議員で組織される（第43条）。

中間報告という手続きは、国会法の規定（第56条の3）によるもので、通常は与党側が、野党から選出された委員長に対し、法案の審議経過を本会議で中間報告させ、審議を進捗させる制度だ。本会議で委員長による報告がなされれば、法案の委員会付託は終了したこととなり、本会議の議題としての採択が可能となる。今回、参院法務委員会委員長は与党・公明党の秋野公造議員だったので、政府側はこの中間報告という手段を採る必然性は全くなく、早期の法案通過を図るための奇策だったのは争えない。

この点、国立国会図書館で国会に関する専門的調査に携わった経験を持つ大山礼子教授は、国会が唯一の立法府として内閣や議員の出す法案を審議する機能を十全に発揮させるためには、与党が法案を「事前審査」し、国会での修正を想定していない現行制度にメスを入れる必要を説く。[*6] 事前審査とは、政府が法案を出す前に与党の部会などに諮り、その場で必要な修正を終えてしまうことである。何故そのような硬直した制度運用がなされてきたかといえば、日本の国会法は、内閣の提出した法案を修正するには国会の承諾を必要とするからだ。国会の承認をとらずに、政府が適宜、法案の修正案を出せるよう法改正することで、審議内容の深化が図られるはずだと大山氏は述べる。[*7]

退位をめぐる特例法の審議でも

以上、国家と国民の関係の変化を、内閣と国会の審議形式の変化から見てきた。さて、共謀罪が審議されていた時、その裏面で明仁天皇の高齢に伴う退位特例法についても審議されていたことを、読者はご存じだろうか。ここで注目すべきは、「天皇の退位等に関する皇室典範特例法」の国会審議にあたっても、極めて特殊な審議形式が採られたことである。

2016年10月、内閣は「天皇の公務の負担軽減等に関する有識者会議」を設置し、17年4月、退位を前提とした制度設計を含む最終報告を首相に提出した。一方、国会では大島理森衆議院議長の主導で、第一九三回国会開会前日の2017年1月から、「天皇の退位等についての立法府の対応に関する全体会議」と名づけられた両院代表者会議（衆参両院の各政党・各会派の代表と両院正副議長）が開催されるようになった。この全体会議は3月、内閣に対して、①法律案の骨子を事前に各政党・各会派に説明すること、

②法律案の要綱を全体会議に示すこと、の二点を求めた。このような審議方法がとられた意味をいかに評価すべきか。内閣の有識者会議のメンバーの一人で憲法学者である大石眞教授は、この形式は、「与党会派だけでなく全会派に対する『事前審査』を認めることを意味する」*8ものだと位置づけた。つまり、法案審理の進め方として、かねて問題点が指摘されている「事前審査」方式を、与党会派以外にも拡大して適用したものとみなせるのだ。5月19日、内閣から衆議院に送られた法案は、内閣委員会ではなく議院運営委員会に同月31日に付託され、6月2日、衆議院本会議を通過する。参議院の場合も通例の内閣委員会ではなく、6月6日、特別委員会に同法案が付託され、スピード審議で可決した後、6月9日、参院本会議において、同法案は全会一致で可決成立をみてしまった。法案が衆議院で受理されてから、20日間で成立したことになる。

象徴天皇自らが、高齢によって公務を十全に全うできない事態への危惧を表明して、退位を希望したのに対し、国会としても迅速な対応が必要だったことはわかる。ただ、上述のような国会審議の手法には問題がありはしないか。内閣が有識者会議主導の議論で、摂政設置、公務軽減で対応、終身在位を崩さない方針での決定を推し進めようとした中、大島衆議院議長はその方向性に異を唱え、立法府こそが日本国憲法第1条に定める天皇の地位、国民主権を論ずる場であり、第2条（「皇位は、世襲のものであって、国会の議決した皇室典範の定めるところにより、これを継承する」）に定める皇室典範をめぐる議論をリードすべきだと考えたようだ。そこまでは理解できる。だが、そうであれば、十分な時間をとって、全体会議という事前の意見集約の道ではなく、また議院運営委員会付託・特別委員会付託といった「奇策」ではなく、常設の内閣委員会等で議論を尽くすこともできたはずだった。

退位に関する特例法案の審議形式をめぐっては、大石氏のほかに、憲法学者の高見勝利教授もまた懸念を表明する。退位をめぐる特例法では、衆参両院正副議長の呼びかけで全体会議が開催され、実態として各会派との「事前審査」がなされた。この方式は、例えば、憲法改正の時にも、援用されかねないのではないか。国会法第102条の8、第1項には、「各議院の憲法審査会は、憲法改正原案に関し、他の議院の憲法審査会と協議して合同審査会を開くことができる」との条項がある。そして、合同審査会には、両院憲法審査会への勧告権があるのだ。[*9]高見教授は、今回の退位に関する特例法の審議が、両院正副議長の差配と全体会議によって進められたことに対し、それではまるで、来たるべき憲法改正時の「予行演習をやっているようなもの」[*10]ではないか、と感じたという。合同委員会による勧告権を使うような奇策が、憲法改正論議の際に起こらないか、との危惧である。内閣と国会の関係は、静かに目立たないかたちだが、実のところ大きく変容を遂げていると思われる。

四、共謀罪をめぐる日本の対応

国連特別報告者の提示した論点

2017年5月18日付で、「プライバシーに関する権利についての国連特別報告者」ジョセフ・カナタチ氏が、公開書簡の中で日本政府に問いかけた最大の論点は、共謀罪法案によって、個人のプライバシーへの監視強化が予測されるので、国連人権法の規範と、この法案の整合性について、日本政府から情報提供を得たい、との点にあった。[*11]

これに対し、日本外務省が時をおかずに発表した見解[*12]は、文面から怒りの湯気が立ってくる類いのものだった。テロ等準備罪（共謀罪）は、既に187の国や地域が締結済みの、国際的な組織犯罪の防止に関する国際連合条約（TOC条約）を締結するために必要な法律なのだ、との大前提をまずは述べる。その上で、それでは何故カナタチ氏は、これら187の国や地域に対しては懸念を表明せず、日本だけを問題とするのか、との不満を述べたものだった。他の国や地域もやっている、との反論の方式は、遅れてきた帝国主義である日本が、戦前期の国際場裡において何度も用いてきた定型の一つではある。

だが、カナタチ氏が日本だけを問題としているかどうかは、国連の、プライバシーの権利に関する特別報告者の活動を記したホームページを確認すればすぐわかる。カナタチ氏は、普段いかなる活動を行っている人間なのか、また、日本への公開書簡の発表後、カナタチ氏は、いかなることをやっていたのか。国連のホームページによれば、氏は特別報告者として、国連人権委員会の第34セッション（２０１７年2月27日〜3月24日開催）に自らに委嘱された任務に関するレポートを提出している。*13

また、氏は、日本に対して公開書簡を発した1カ月後にあたる、6月17日から10日間の日程でアメリカを公式訪問し、①情報漏洩の防止と監視、②ビックデータとオープンデータ、③国民の健康に関するデータ、④企業によって収集される個人情報、の四点について、プライバシー保護が適切になされているかの調査を実施し、6月27日付で報告書にまとめている。*14 アメリカのプライバシー保護への取り組みに対するカナタチ氏の評価と提言を一言で要約すれば、アメリカは、アメリカ国籍を持たない人のプライバシー保護に、今後はより適切な対応をとるべきだというものだった。カナタチ氏の活動は、当然のことながら日本にターゲットを絞ったものではなく、プライバシー問題で最も先進的な問題状況を抱えるアメリカに対しても、積極的にコメントしていることが確認できる。

話を戻して、日本に対する公開書簡でカナタチ氏が挙げた問題点や疑問点をまとめれば、以下の三点になるだろう。①別表4で、新たに277種類の犯罪が処罰対象となっているが、法律の重要な部分が別表に委ねられることへの懸念が表明されている。また、明らかに、テロリズムや組織犯罪とは無関係な、過度に広範な犯罪を含んでいるのは問題なのではないか。②「計画」と「準備行動」の存在の範囲を立証するためには、論理的には、起訴された者に対して、起訴に先立つ、相当程度の監視が行われることになる。プライバシーと監視の強化が予測されるので、それに対する保護と救済の在り方を考える必要があるのではないか。③国家の安全保障を目的として行われる監視活動の実施を事前に許可するため、独立した第三者機関を法令に基づいて設置する必要はないか。

当局による監視活動への歯止めが必要

①の、テロリズムや組織犯罪とは関係のない犯罪に網をかけようとしていないか、また、別表というような、運用次第でいかようにも執行しうる規定で網をかけるのは問題ではないかとの危惧は、国会の審議過程でも野党から質されていた論点であり、当然の

指摘だろう。また、②と③で掲げられた、当局による監視活動への歯止めが必要だとの指摘も、適切な留意点だといえよう。

これまで人の手を介し、時間と金をかけなければできなかった国家権力による捜査や監視は、テクノロジーの進化により、極めて安価に容易にできるようになった。一般人かどうか区別・選別する前に、「全てを取る」（take it all）方が簡単で安価になるという、技術の特質[*15]を常に想起しておくことが肝腎だ。警視庁外事三課のデータが流失した事件で明らかになったムスリム監視の事例では、日本最大級の都市銀行が、中東のある国の大使館館員の口座情報を警察に提供していた[*16]ことがわかっている。また、2015年の総務省のガイドライン改正により、捜査機関は、携帯電話事業者から特定人の位置情報を本人に通知することなく取得することができるようになっている[*17]ことなど忘れずにいたい。

政府の反応の裏面にあった「大前提」とは

国際機関による正式の委嘱を受けた人間が発した情報提供要求に対し、ある頑《かたく》なな大前提に立った上で、「他の国だってやっている」、「何故日本だけ文句をいわれるのか」と開き直る、日本政府による抗議の仕方には既視感がある。1931（昭和6）年9月、日本の関東軍の謀略によって起こされた満州事変後、イギリス人のリットン卿を団長とする調査団が国際連盟理事会の委嘱によって来日し、翌年10月、事件についての報告書を発表した一件だ。その時の日本側の抗議の仕方やその論理構造を、今回の共謀罪をめぐる騒動では髣髴《ほうふつ》とさせた。

もちろん、歴史は一回性のもので、国際秩序も憲法も、現在と当時とでは全く異なる。また、リットン調査団の規模や意義、国内外からの注目の度合いも全く異なる。ただ、事件の発端となった、南満州鉄道爆破を中国側が行ったという虚偽の大前提に日本側が立っていた事実のインパクトの重さを考えたいのだ。「満州国」建設の裏面には、日本軍の存在が確かにあったことを報告書が示唆すると、日本側は、軍事力や他国の後ろ楯なくして誕生した新国家など歴史上ないと開き直り、他の列強もやってきたことだと反《はん》駁《ばく》した。

それでは、共謀罪をめぐる議論の場合、日本側が拘泥していた、ある頑なな大前提とは、何だろうか。それは、5月18日に、外務省がカナタチ氏の公開書簡に反駁した、日本政府見解の第2項に書かれている。[*18] 国際組織犯罪防止条約（TOC条約）第5条は、締約国に対し、国内法として共謀罪の立法措置が必要だとするので、本条約を締結するためには、共謀罪という国内法の整備が必要だとの論理である。「我が国の現行の国内法では、TOC条約の義務を履行できない」との文章が第2項中にはある。

しかし、ことはそう単純ではない。TOC条約に関する「国連立法ガイド」のパラグラフ51には、共謀罪と参加罪について、二つの概念の導入を求めることなく、有効な手段をとることを各国に許容するとの内容が記載されている。[*19] このガイドラインの当該部分を執筆した国際刑法学者ニコス・パッサス教授は、刑法の専門家である高山佳奈子教授の質問に答える形で、TOC条約を締結するためとして、共謀罪や参加罪を国内法として整備することを、国連は前提としていないと明言している。[*20]

外務省をはじめとする日本政府は、大前提の部分に虚偽を抱えていたために、国際機関から公式に職務を委嘱された人物の提言に、あれだけ神経質となったのではないか。高山氏によれば、国内担保法として共謀罪を創設した国は、ノルウェーとブルガリアだけだという。[*21]

歴史から学べることは何か

オリンピックの開催には、たしかにテロ対策も必要だろう。だが、テロ対策には結び付かないTOC条約を早期に締結するためとして、日本法の伝統を根本から変える共謀罪を導入するのは妥当な行為だろうか。日本には既に、「被害の発生やその科学的な危険性を処罰根拠として、既遂・未遂・予備を時間的にさかのぼって処罰する体系」が存在し、また、「共謀共同正犯の法理」を用いて、組織犯罪対策を進めてきてもいた。[*22]

国会の審議でも問題になっていたが、共謀罪における、「計画」や「実行準備行為」などの概念については、内容が余りにも無限定に過ぎる。何度もいうが、歴史は一回性であるので、想定通りのお誂《あつら》え向きの「いつか来た道」はありえない。だが、内容が余りにも無限定な法律やその法改正によって、後の世が破壊的な負の影響を蒙った歴史を私たちは持っている。1925（大正14）年、治安維持法を制定したのは、リベラルな政党内閣といわれた護憲三派の加藤高明内閣だった。制定当時、内閣を組織していた政党の側は、拡大解釈による弾圧の恐れはないと、帝国議会でも自信をもって答弁していた。治安維持法の条文は、「国体を変革し、又は私有財産制度を否認することを目的として、結社を組織し、又は情を知りて之に加入したる者」を罰するとした法律で、ポイントは、国体の変革、私有財産制の否認、結社の組織又は加入、にある。

興味深いことには、法律のプロが準備した草案段階では、処罰の対象が、きちんと限定されていたことである。*23 当初、内閣法制局が準備していた草案には、「国体の変革」といった曖昧《あいまい》な字句はなく、「罰金以上の刑で罰せられる行為」「憲法上の統治組織、納税義務、兵役義務、私有財産を変革する行為」との限定があった。しかし、成立した時には、国体の変革、という曖昧な条文と化していた。国体とは、天皇が日本の国を支配するという国の在り方を意味する。問題は、1928（昭和3）年、田中義一内閣がこの治安維持法を改正し、目的遂行罪を設け、最高刑を死刑としたことにあった。改正治安維持法の条文の冒頭は、「国体を変革することを目的として結社を組織したる者」と変えられる。端的にいって、この修正により、国家は、日本共産党の活動を支えて党の目的に寄与すると見なされたあらゆる行為を罰することができるようになった。[*24]「見なす」行為の主体は国家なのだ。共産党はおろか、自由主義者、宗教者、植民地出身の労働者・留学生など、戦前期の日本社会にあって、多様性をより多く持つ人々が治安維持法の網にかけられた。

治安維持法を制定した時の加藤内閣の認識としては、日本共産党などの活動が問題なのであれば、共産主義には別個の思想をもって対抗すればよいし、それを可能とするだけの力が政党内閣にはあるとの自信が見られたのである。ある意味、デモクラシー状況に自信を持っていた側が、後世に害悪をもたらす法律案を通過させてしまったというアイロニーがあった。法律のプロの杞憂は正しく、無限定な条文の語句は、目的遂行罪という、新たな観念をまとって暴走した。

歴史から学べることは、まことに大きい。

＊1 『日本経済新聞』2016年7月2日付朝刊。

＊2 坂本一登『伊藤博文と明治国家形成』（講談社学術文庫、2012年、初出は1991年）。また、プロイセン憲法を含め欧州諸国の憲法が、フランスの1814年のシャルトに起源を持つことを述べ、大日本帝国憲法への影響を論じたものに、長谷部恭男「大日本帝国憲法の制定―君主制原理の生成と展開」『論究　ジュリスト』17号（有斐閣、2016年）。

＊3 丸山眞男「超国家主義の論理と心理」、『丸山眞男集』第3巻（岩波書店、1995年、初出は1946年）19～20頁。

＊4 三谷太一郎『日本の近代とは何であったか』（岩波新書、2017年）239頁。

＊5 前掲『丸山眞男集』第3巻、23～24頁。

＊6 大山礼子「儀式やめ法案修正の場に」、『朝日新聞』2017年6月16日付朝刊。

＊7 大山礼子『日本の国会』（岩波新書、2011年）第2章、終章。

＊8 大石眞「天皇退位のための皇室典範特例法の制定に思う」、『学士会会報』第926号（2017年9月）4～9頁。本稿の特例法審議の特異性についての記述は、この論考に多くを負っている。

＊9 高見勝利『憲法改正とは何だろうか』（岩波新書、2017年）178頁。

＊10 高見勝利報告「「平和国家ノ確立」から「平和憲法の公布」まで――九・四勅語と一一・三勅書の間」（歴史学研究会総合部会例会、2017年1月21日、立教大学）。高見勝利「「平和国家ノ確立」から「平和憲法の公布」まで」、『歴史学研究』962号（2017年10月）。

＊11　http://www.ohchr.org/Documents/Issues/Privacy/OL_JPN.pdf（2017年9月3日最終閲覧）。

＊12　平成29年5月18日付「国連人権理事会の「プライバシーの権利」特別報告者による公開書簡に対する日本政府見解」。http://www.mofa.go.jp/mofaj/fp/is_sc/page3_002110.html（2017年9月3日最終閲覧）。

＊13　http://www.ohchr.org/EN/Issues/Privacy/SR/Pages/SRPrivacyIndex.aspx 上の Report of the Special Rapporteur on the right to Privacy 部分を参照（2017年9月3日最終閲覧）。

＊14　http://www.ohchr.org/EN/NewsEvents/Pages/DisplayNews.aspx?NewsID=21806&LangID=E（2017年9月3日最終閲覧）。

＊15　エドワード・スノーデンほか『スノーデン　日本への警告』（集英社新書、2017年）103頁。

＊16　同前書160頁。

＊17　同前書161〜162頁。

＊18　＊12に同じ。

＊19　長末亮「共謀罪をめぐる議論」、国立国会図書館調査及び立法考査局編『レファレンス』788号（2016年9月）61頁。

＊20　高山佳奈子『共謀罪の何が問題か』（岩波書店、2017年）21〜22頁。

＊21　同前書20頁。

＊22　同前書13頁。

＊23　中澤俊輔『治安維持法』（中公新書、2012年）。この項目についての記述は本書に負う。

＊24　同前書96頁。

髙村 薫

Kaoru Takamura ◉ 作家

異論を排除する空気に私は言葉で抗う

言葉にならない空気感が社会を動かし、私たちは自由を失いつつある。原則を無視した政治の暴走に、いかに立ち向かえばよいのか？

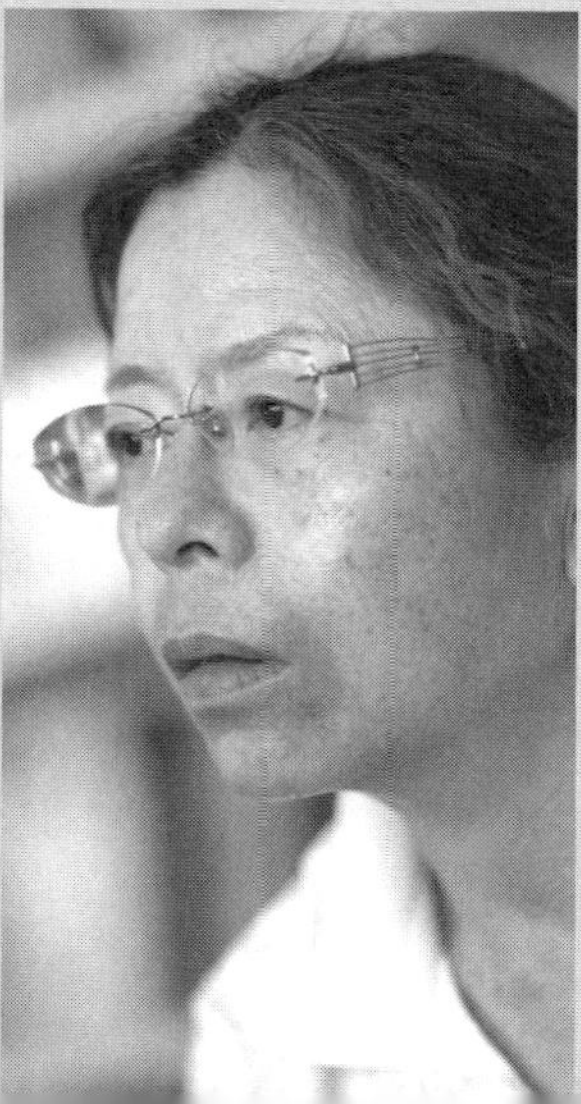

たかむら・かおる／1953年生まれ。国際基督教大学卒業後、商社勤務を経て作家に。『マークスの山』で直木賞、『レディ・ジョーカー』で毎日出版文化賞、『太陽を曳く馬』で読売文学賞。近著に『土の記』など。

「復古」を求める人々

この民主主義社会でなぜ、「共謀罪」法のような法律が成立するのかと開いた口がふさがりません。そもそも、この法律は日本の刑法の大原則を変えるものすごく大きな改革にもかかわらず、内閣総理大臣をはじめ、法務大臣、与党議員がこの法律を正しく理解している形跡がありませんでした。当然、国会答弁もまともなものになりませんでした。そんな法案を採決強行で成立させてしまう立法府の在り方に、私たち有権者は愕然とするべきです。日本は誰もまともに説明できないような法律が成立する国になってしまったということです。もう後戻りできませんが、成立してしまったから終わりではなくて、このような形で法律が作られてしまった歴史の事実を忘れないよう、一人ひとりが肝に銘じておくべきです。

第一次安倍政権の時代、2006年に教育基本法が改正され、2007年には国民投票法が成立しました。第二次政権以降は、2013年に特定秘密保護法が生まれ、20

15年には安全保障関連法が成立しました。そして今回の「共謀罪」法まで、安倍晋三首相のもとでなぜ、このような法律が立て続けにできたのか考えてみました。いくつかの視点があります。

一つは戦前戦中を知る世代が圧倒的に減っていることです。終戦当時15歳だった人は今87歳です。15歳ならだいたい世の中のこともわかるでしょう。総務省の統計を見てみると、実際にあの戦争の時代を知る人は確実に減っています。私は今年64歳になりましたが、私のような戦後生まれの戦後民主主義教育で育った日本人でさえも高齢化している。そのなかで、昔の時代に戻る「復古」を求める人たちが堂々と頭をもたげてきています。かつての時代を知っている人が圧倒的に少なくなった結果、「復古」への拒否感が薄れたのだと思います。

横行する私的な歴史解釈

もう一つの大きな原因は、日本が太平洋戦争の敗戦の総括の一番大きな部分、つまり、

「戦争責任」に手をつけなかったことにあると思います。その結果、例えば戦前の大日本帝国憲法や教育勅語が復古してくる芽が残されたのです。侵略と敗戦のあるべき総括がなされなかったために、私たち日本人は戦前と戦後の歴史を確定させることができませんでした。定まっていないから、戦後生まれの政治家たちの非常に手前勝手で、慎重さを欠いた私的な歴史解釈が横行する。「侵略戦争ではなかった」とか、「アジアのための戦争だった」といった主張は、戦後の日本の歩みを否定するものです。

それと同時に私たち一般の日本人の憲法観や天皇観も、ものすごく曖昧なままになっていると思います。

例えば、憲法には天皇は「日本国民統合の象徴」と書かれていますが、よく考えてみると統合の象徴というのはどのようなものなのでしょうか。よくわからない曖昧な言葉が憲法の一番はじめに書かれている。それをなんとなく、この70年あまりの間私たちの憲法として受け入れてきたわけです。

その他にも、戦力を保持しないと書かれている憲法9条は、そのまま日本語として読めば自衛隊の存在はあり得ない。けれども、実際に自衛隊は存在する。そういうものすごく微妙、かつ曖昧なところで私たちは戦後72年生きてきたのです。そして、だんだんと戦前を記憶する人が減り、勝手な歴史解釈をする政治家が出てきて、それを「復古」を求める人たちが支えているという構図です。

原則無視がもたらした結果

さらに、21世紀になって加わってきたもう一つの要素が、経済成長の終わりに伴う閉塞感です。少し前から、さかんに「決められる政治」ということが言われるようになりました。何を決めるにしても遠回りで、複雑な利害調整を必要とする民主主義に、行き詰まりを感じた人たちが不満をつのらせてきた結果だと思います。決められる政治というのは力の政治です。それが安倍政権につながっているのだと思います。

これを大きく助長しているのが、ネット社会でしょう。ネット社会が大衆の気分を左右し、動かしていく時代になりました。ネット社会の特徴でもありますが、政治のレベルでも、一般国民のレベルでも歴史を含めたあらゆる事実が意味を持たなくなっています。事実が意味を持たなくなると、当然、民主主義国家のあるべき原則はどんどん無視されるようになります。

例えば、「共謀罪」法成立にさきがけた2017年3月には、戦前教育の基本指針であった教育勅語の教材使用を認める閣議決定がされました。教育勅語は戦後、国会で徹底的に排除されたはずです。それが今になって容認されるということが起こる。これは原則の無視も甚だしいもの。そういう歴史的事実に私たち現代の日本人は頓着しなくなっている。かつて徹底的に排除されたものが平気で蘇るようになったのです。

2013年に成立した特定秘密保護法も有権者が原則を蔑ろにした結果です。本来、確実な情報公開とセットであるべきなのに、その情報公開の部分が切り捨てられるのを許してしまったのです。

そして、原則を無視した一番甚だしい結果が、集団的自衛権の行使を認めたことだと思います。2015年に安全保障関連法が国会で強行に成立しました。それでも、国民は「原則が無視されている」ことに怒っていない。昔では考えられないような法律がどんどん成立している、とても危険な状況です。

有権者は原則を重視するべきだと思います。「共謀罪」法の場合なら、法務大臣が法律をきちんと理解して説明できているか、という原則です。担当大臣が新しく成立させようとしている法律について説明できないなんてあり得ない話です。あり得ないことが国会で起きているとき、「おかしい」と思わなければいけません。法律の中身をすべて理解して、その是非を考えるというのは難しいことですが、立法の過程が妥当なのか否かは誰でも判断できます。原則から外れているのであれば、私たち有権者は「ノー」と声を上げなければなりません。

国民の日常生活が監視される

「共謀罪」法が必要な理由は、実のところはっきりとしていません。これもめちゃくちゃな話です。テロ対策になるかと言えば、あまりならない。だから、「テロ等準備罪」

という名前も正しくない。この法律が成立して得をするのは、捜査機関だけです。テロに限らず、あらゆる捜査で国民の日常生活を監視できるようになります。盗聴やGPSを使った捜査がこれからどんどん広がっていくでしょう。理論上は全国民が対象になるけれども、現実に1億3千万人もの国民を常時監視することは物理的に不可能です。そうすると、捜査機関が恣意《しい》的に監視対象を選ぶことになります。私たちは監視されているということを忘れないことが大切です。

現実には、この法律を使って誰かを検挙して起訴にまでもってゆくのはものすごくハードルの高いことだと言われています。何をもって準備行為と認定するかなど、明確に決まっていないわけですから。けれども、仮に不起訴になっても、捜査をされたというだけで個人の自由は侵害されます。裁判所がそれに対する歯止めになってくれるかと言えば、それも疑わしい。どのような趣味があり、どんな本を読んで、どんな考えの持ち主か。ふだん誰と会っているかといった交友関係なども、すべて記録に残されてしまいます。起訴されることではなく、それが怖いのです。

この法律が成立するときには、連日国会の前でデモが行われました。これまで社会運動には右翼か左翼かという垣根がありましたが、それが低くなったことが影響しているのではないでしょうか。政治団体に所属せず、特に政治信条がなくても、何となくその時の気分で右に行ったり、左に行ったりする人が増えました。

私のような戦後民主主義の教育を受けて育った時代は、世の中の価値観が右か左のどちらかでした。私は右でも左でもなかったのでものすごく息苦しく、いつでも居場所がなかった。そういう右か左かの色分けは冷戦構造があったからですが、そういう社会がやっと終わり、私たちは自由になりました。政治的な発言に抵抗感がなくなり、デモに参加する人も増えたのだと思います。

それ自体はいいことだと思います。しかし、残念ながらこれからは、デモに参加する人はおそらく警察にマークされることになるでしょう。監視カメラの顔認証システムが発達して、技術上は群衆のなかの個人の顔をすぐ見分けることができるまでになっていると言われます。それが当たり前になっていくと、「×月×日にあなたはデモに行っていたでしょう?」となる。次第に、国民が自分の意見を述べることを控えるようになるのではないかと危惧しています。

だから私は、将来がある若い人たちにどんどんデモに参加しましょうとは言えません。むしろ気を付けてくださいねと言わなければなりません。メールやツイッター、LINEなどのSNSでも、あまり好き放題言わないほうがいい。例えば、就職活動のときに「あなたは反政府デモに参加していましたね。うちでは採用できません」と会社側から言われるかもしれないですから。

そう考えると、私たちは自分の意見を控えるようになるでしょう。検挙されることではなく、そういう監視社会そのものを私は恐れるのです。

異論を排除する社会

それにしても異様なのは、必ずしもテロ対策とは言えないこの法律を、誰が何のために欲したのかが、実に不透明なことです。捜査機関が作ってほしいと要望したのか、というと違うと思います。もちろん、法律が成立したことは歓迎しているでしょうが、結局、集団的自衛権の行使容認などのときと同じように、安倍政権を支える勢力の空気感がこんな法律を生んだのだと思います。異論を排除する社会への回帰を求める空気感です。空気感は言葉では説明できません。言葉にならないようなものが政治を動かし、国民が自由を失っていくことになる。ものすごく気持ちの悪いことです。

安倍政権を支えている空気感は戦後の日本の一つの帰結だと思います。つまり、国家として敗戦に至った戦争を清算していないと同時に戦後の確定した歴史を持っていない。いくらでも、自分たちの思うように歴史の解釈ができる。そういう中で一定の考え方を持つ人たちが集まって「こうなったらいいよね」という情緒で動いているのが日本会議だと思います。本当に戦後の日本人の一部の申し子だと思います。

安倍首相は「戦後レジームからの脱却」を掲げましたが、この国をどのようにしたいという確たる信念がないまま、復古的な風潮に酔っているように見えます。安倍政権を支える人たちが憧れている、天皇を中心として国民がまとまるという戦前の国の姿です。

そのときに、異論を排除するような空気感が生まれてくるのは当然のことです。多様な意見があっては困るからです。彼らにとって、天皇という価値観の前で全部がまとまってこその「美しい国」なのですから。

こうした主張に対抗するには、雑多な意見があるということを認めることです。様々な異論に目配りをする。この社会にはこれだけ多様な人がいて、多様な意見があって、そんなに簡単に一つにはまとまらないものだと納得して生きる。効率が悪いけれども、民主主義とはそういうものです。民主主義をやめて全体主義になったらどうなるかというのは歴史が教えてくれています。

言葉で説明できない空気感のようなものは本来、政治から最も遠い存在です。力のある日本語が残っていれば、空気感で動いていく危うさは回避できますし、原則を無視した政治の暴走は起きません。政治は理想を掲げ、国民の幸福を実現するものです。進むべき道筋と今の状況を、まず言葉で説明しなければなりません。国や社会が置かれている現状をきちんと言葉にすることによって、初めて状況が確定するわけです。

次に、国民を幸せにするためには何が必要か。これも言葉で具体的な形を示していくべきものです。たとえば、少子化対策をする場合、改善するためにはどこから手をつけて、最終的にどのようにしたいのかを一から十まで言葉で説明していくことが必要です。今の政治に欠けているのはそれです。

集団的自衛権の行使も、もしそれが必要なのであれば、集団的自衛権を行使することによって、日本がめざすべき国の形がこうなるとか、こういう危険はあるけども利益のほうが大きい、日本人が果たすべき役目はこういうものだ、と一つひとつ言葉で説明しなければなりません。今の安倍政権はその肝心なところがない。彼が言っているのは「美しい国」だけです。それでは説明になっていません。

立憲主義否定の出発点

物書きとしてできることは、言葉によって世界にかたちを与えていくことです。あるいは、政治家が何かを語ったときに、その是非や当否を言葉にしていくことです。安倍首相が「美しい国」というとき、その中身はたんに愛国心であったり、親孝行、道徳心であったりする。それは教育基本法改正で新たに組み込まれた部分です。そこで、「愛国心が美しい国であるという根拠は何か」と問うてみる。あるいは「日本を取り戻す」というとき、「取り戻す日本とはどのようなものなのか」と問う。

少なくとも80年代半ばまでは、今とは比べものにならないくらい与野党ともに大量の言葉を費やして討論していました。これを100日聞いていたら大変だというくらいの量の言葉です。無駄な言葉もあるにせよ、国会審議というのは本来、ああでもないこうでもないと議論する場です。理想や理念が語られていたかというと大いに疑問ではありますし、地元への利益誘導とか口利きとかいろいろやっていたけど、当時の政治家はともかく国会での質問に政治生命をかけていました。

でも今の国会はスカスカです。論戦で、政府の都合が悪くなったときに出てくる官僚の答弁もひどくなった。「共謀罪」法の議論でも、政治家と官僚で言っていることが違うことがありました。そんなみっともないことが、国民の目の届くところで平気で行われている。これは国会軽視であるし、有権者軽視であるし、言葉の軽視です。大臣がまともな答弁ができない。官僚が出てきたら大臣と違うことを言う。さらに、そこに輪をかけて首相が声を荒らげる。ほんとうにむちゃくちゃです。

繰り返しになりますが、敗戦の総括ができなかったことはものすごく大きな負債です。教育基本法から「共謀罪」法の成立まで、結果的に立憲主義を否定する方向に動いていますが、そうなる一番の根本に戦後の出発点があります。私たち日本人はきちんと完全に戦争を否定しないまま、出発してしまいました。とりかえしのつかない私たちのくびきです。

あの戦争を負けたと思っていない人が一定程度存在してもおかしくない。負けたということは恥ですし、それを認めることは大きな精神的苦痛になる。負けたところから新しく歩み出すというのはものすごく大変なことなのです。

日本はその一番の出発点である戦争責任を曖昧にしたために、出発点自体が実はちょっとインチキだったとも言えます。戦前を完全否定しないまま、あたかも完全に新しい新生日本が生まれたような幻想を抱いて、私たちの戦後がスタートしたのです。

戦後すぐに天皇の行幸が始まったときに、日本中どこへ行っても天皇は熱烈に歓迎されました。戦後生まれの私には理解できないですが、これが戦後の日本の始まりです。この曖昧さが今につながっていて「教育勅語は悪くないでしょ」という人たちが出てくる。安倍政権になって成立した法律は全てそこに戻っていくと思います。この曖昧さは今から私たちがどうしようといってもどうにもならないことです。私たち日本人がこれからも背負っていかなければならない運命だと思っています。

しっかりと目を見開いて社会を見る

問題はそこでどうするかです。安易に生きていると、知らず知らずのうちに戦前に戻っていくかもしれない。「愛国心を持って何が悪いのか」という声も出てきます。私たちは戦後の出発点からして、曖昧な問題を抱えてしまっているけども、だからこそ意識して踏みとどまることが絶対に必要です。民主主義には面倒さ、回りくどさ、なかなか決められない曖昧さ、多数決で決まってもすっきりしないなど、たくさん問題はある。けれども、いまのところ民主主義に代わるものはないということを自覚しておくべきだと思います。憲法もたしかに曖昧です。けれども、この曖昧さに堪えながら、必要に応じて何とか憲法なり国の形なりを微調整しながら生きていくしかないのです。

そこで私たち有権者はどうしたらいいのか。先ほど申し上げたように、日本は戦争責任の総括をしなかったことで確定した歴史を持たないまま、なんとなく民主主義の旗を掲げてきたに過ぎません。それに加えて近年は社会の閉塞感が高まっている上に、ネット社会の拡大で歴史や事実が意味を持たなくなり、多くの日本人が情緒と気分で生きるようになっています。けれども私たち有権者は、いまこそ歴史的な事実やあるべき原則を蔑ろにしてはなりません。

うそも方便とは言いますが、社会の大きな流れを決めていくときに、それは通用しない。そんなことを言い出したら、政治家はうそをついていい、国民はだまされても仕方がないということになります。絶対に無視してはいけません。

今は情報があふれている時代です。大人から子どもまで、スマートフォンを手にして、多くのニュースを流し読みします。そうすると、原則に照らして物事を見る習慣が失われます。世の中を眺めるスタンスが個々の中で確立されていないと、「おかしいでしょ」と思わなくなってしまいます。しっかりと目を見開いて社会を見ていないと危ないという危機意識が希薄です。自分のことで忙しいし、何とかなるだろうという慢心があるのだと思います。

2017年の夏の間、いくつも不祥事が重なって安倍政権の支持率は一時的に急落しました。大衆の気分はあっという間に動きます。政治を筆頭に気分で世の中が動く時代です。嫌だとなったら嫌なのです。それも難しい理屈じゃない。「共謀罪」法が悪かったとか、自衛隊の日報問題がどうとか、そういう具体的なことではなくて、例えば、官房長官の口調や防衛大臣の表情が嫌だとか、まさに感情論です。

けれども、私たちは極力冷静にならなければならないと思います。情緒というのはなかなか抑えるのは難しいですし、感情的に一度嫌だと思ったことはなかなかプラスの評価に変わらないものですが、一方で「のど元すぎれば」というのも私たちの常です。現に一度下がった内閣支持率も秋口には持ち直してしまいました。

社会の暴走を許さない力のある日本語を

日本はいつか来た道に戻っていくのかもしれません。政治も経済もしっかり踏ん張って持ちこたえる力がなくなっています。ひとたび海の向こうで武力衝突が起きれば、日本だけが踏ん張るということはできない。グローバリズムの時代では、あっという間に巻き込まれます。その中で、私たちは日本の進路を見定めて進んでいくことが難しくなるのではないでしょうか。

これまで日本の安全保障を支えてきたアメリカの国力が落ちて内向きになっていく中で、日本は核武装するのかというとそれも非現実的です。政治家の胆力も経済力も落ちている日本はこれから大変だと思います。かつてのような全面戦争というのは考えにくいですが、いつか来た道、すなわち望んだわけではない戦争、追い込まれての戦争に進んでいくのではないかと危惧しています。周辺には領土的な野心を持つ国もあります。日本が戦争を望まなくても、仮に日本でテロが起きたら速やかに軍備増強、警察権力の増強が進むだろうし、それがさらに東アジアの緊張を高めることになるでしょう。

そのとき、私たちが何を望むかという理想を語るのも現状を批判するのも言葉です。正しい言葉を繰り出すことをしなかったら、現状に流されるだけです。今の世の中、流されていてよいことは何もない。どこへ流されているか全然わからない。踏みとどまるためには、批判する言葉が必要だし、未来を考える言葉が必要です。

豊かな力のある日本語が残っていれば、気分で動いていく世の中や原則を失った社会の暴走は起きません。とにかく、物書きができることは言葉が持っている豊かさ、可能性を最大限にかたちにしていくことです。

物書きとしてその信念を貫いていくしかありません。

（聞き手・小林孝也）

半藤一利

Kazutoshi Hando◉作家

日本はポイント・オブ・ノーリターンを超えた

昭和15年9月、日独伊三国同盟調印。この時から日本は後戻りができなくなった。戦争するための条件がそろいつつある今、はたして歴史は繰り返されるのか？

はんどう・かずとし／1930年生まれ。東京大学卒業後、文藝春秋に入社。「文藝春秋」編集長などを経て、作家に。『漱石先生ぞな、もし』で新田次郎文学賞受賞。『日本のいちばん長い日』など昭和史関連の著作多数。

世界史の中の昭和史

これまで昭和史についてあれこれ書いてきましたが、最近は世界史の中で見た昭和史に取り組んでいます。あくまでも日本の昭和の戦前史なんですが、世界史的な観点を採り入れて見直しています。

ソ連のスターリンがトロツキー派を追い出して天下を取ったのは大正15（1926）年。それからスターリン時代が到来する。ドイツでミュンヘン一揆を起こしたヒトラーが刑務所から出てきて『わが闘争』を出版したのが大正14～15年。大正15年はつまり昭和元年です。昭和の始まりとともに、スターリンとヒトラーが表舞台に出てくる。この連中が世界をひっかき回すんですが、そこには必ず日本の存在が出てくるんです。

例えば、昭和6（1931）年の満州事変。石原莞爾や板垣征四郎ら関東軍の参謀クラスが参謀本部の反対を押し切って拡大路線を進めていったわけですが、なぜあの連中が自信を持っていたのか今までよく分からなかった。ところが、よくよく調べてみたらスターリンはあの直前にトロツキー派の粛清を始めているんですね。それでソ連国内が混乱し、国力がものすごく下がっちゃった。それを石原莞爾たちは見抜いていて、今なら大丈夫だと判断して、ダーッと出ていった。単なる下克上的な無謀な行動ではなくて、世界情勢をきちんと見通してやっている。そういう話がいくつもあるのに、世界史の視点を抜きにして日本の昭和史だけを論じていると間違ってしまうなと思いました。

昭和4（1929）年のウォール街の大暴落以降、世界全体が保護主義的な色合いを強めていきました。どこの国も前に出てこなくなった。その隙に日本が物凄い勢いで中国に進出していって、力がないのに良い気になっていたのは、世界がほとんど何も制約をしてこなかったからです。それまではグローバリズムだったんですよね。国際連盟をつくったり、パリ不戦条約を結んだりして、世界が一つになってやっていた。それが世界恐慌でストップしてしまって、みんなが自国保護主義になった。アメリカではフーバー大統領になった途端に「アメリカ・ファースト」になって引っ込むんですよ。それと同じようにフランスやスペインなども引っ込んでしまいました。

当然、国際連盟も影響力が落ちる。日本が昭和6年9月に満州事変を起こしたとき、蔣介石が国際社会に一生懸命訴えているのに国際連盟はすぐには動こうとしませんでした。リットン調査団が動き出すのは昭和7（1932）年になってからです。世界全体が「我が国ファースト」になっていくのを日本はよく見ていました。

世界恐慌から一番早く抜け出したのは日本だったんです。日本が貧しかった時代はせいぜい昭和7年くらいまで。日本は貧しいからやむを得ず昭和12（1937）年に中国と戦争を始めたとかいう話はウソです。日中戦争なんか日本はやる必要がなかった。生産力が上がって、いい調子になっている時代だったのですから。私は昭和5（1930）年の生まれですが、昭和12年くらいまでの日本の民衆の生活は大らかなもんでした。

明るかった昭和のくらし

昭和12年に日中戦争が始まりました。武昌、漢口、漢陽の「武漢三鎮」を陥落させたときなんて昼は旗行列、夜は提灯行列で大騒ぎでしたよ。当時は向島（東京都墨田区）

に住んでいましたが、日の丸の小旗を持って神社にお参りをしたり、堤の上を「漢口陥落バンザイ！」とか言いながら歩いていた覚えがあります。戦前・戦中はずっと暗い時代だったと思いこんでいる若い人もいますが、決してそうじゃありません。

私が子どものときに向島の映画館で初めて見た外国映画は、昭和15（1940）年に公開されたジョン・フォード監督の「駅馬車」だったと記憶しています。この作品は大ヒットしていて、小学生でもみんな見に行きましたよ。学校でインディアンの真似をしたりしてね。当時、国民はアメリカをそれほど敵視していませんでした。

下町の生まれで贅沢なんて一つもしたことがなかったんですけど、特別にご褒美をもらうときは浅草でした。当時、浅草の百貨店「松屋」に行ったり、遊園地の「花やしき」で鬼の腹にボールをぶつける的当てをやるのが楽しみでね。戦争が始まった後もくらしは質素でしたけど、食えないということはなかった。食えなくなったのは戦後になってからです。そりゃ戦時下ですから「ゼイタクは敵だ」と、節約生活ではありましたが。

社会の空気はドイツびいきでした。昭和13（1938）年にナチスの青少年組織であるヒトラーユーゲントが日本を訪問しました。きびきびと規律正しく行動する姿がニュース映画で流れ、小学校に入ったばかりの私も「あれを見習え」なんて言われましたね。彼らを真似して「かしらー、右！」などと言いながら分列行進もしました。あの頃は本屋の棚にはナチス叢書という関連本がずらっと並んでいました。

ヨーロッパでの戦争でも、私はドイツが勝つと思っていました。オヤジが反戦論者だったから、私は周りに比べてそれほど軍国少年ではなかったんですが、そんな私でもヒトラーが勝利すると思い込んでいました。その頃人気だった雑誌「少年倶楽部」にはドイツの戦車や戦闘機の写真などが載っていました。駐日ドイツ大使のオイゲン・オットという人物は大変な宣伝マンでした。誰もがすっかりドイツにかぶれていました。

ポイント・オブ・ノーリターン

日中戦争が泥沼化していく一方で、日本は昭和16（1941）年にアメリカと戦争を始めます。当初、アメリカは日本の動きを静観していたし、日本もアメリカを怒らせてはいけないと考えていました。ところが、昭和14（1939）年のノモンハン事件の直前、親日の汪兆銘政府の関係者が殺害されて、犯人4人が天津のイギリス租界に逃げ込むという事件が起きました。イギリス領事館との身柄の引き渡し交渉はうまくいきかけたんですが、本国のイギリス政府が一転して拒否してきたため、日本とイギリス政府が大もめにもめた。国内では「イギリスはひどい国だ」という空気が広がり、新聞もイギリスの悪口を書きたて始めて、排英意識が一気に強くなった。

そうすると、それまで静かだったアメリカが突然、「日本がアジアで勝手な振る舞いをすることは許さない」と言い始めて、明治時代に結んでいた日米通商航海条約を破棄すると通告してきました。アメリカが初めて日本に対して強硬な態度を取ったのです。日本は何とか条約を維持したいと考えましたが、昭和15年になって実際に破棄されてしまった。ですから、日米が初めて表舞台で敵対したのは昭和15年ということになります。それまで新聞での表記は「英米」でしたが、そのころから「米英」と順序が変わります。

それでも、まだアメリカの世論は「アメリカ・ファースト」でした。ルーズベルト大統領は反日かつ反ナチスでしたから日本を叩きたくてしょうがなかったけど、アメリカの世論がそれを許さなかった。確かに日米両国の関係は悪化しましたが、アメリカ世論はすぐに日本を潰せということにはならなかった。一方、日本の世論はやたらに新聞が煽ったもんだから、どんどんアメリカへの反感が強まっていきます。

歴史を丁寧に検証したとき、もう後戻りできなくなる時点というのがあります。私はそれを「ポイント・オブ・ノーリターン」と呼んでいます。私に言わせれば、太平洋戦争のポイント・オブ・ノーリターンは、昭和15年9月に日独伊三国同盟を結んだ瞬間です。それ以前なら戻ろうと思えば戻れたと思います。ところが、それから先はアメリカが三国同盟に対して敵対心をむき出しにしてきます。後になって最後通牒と言われるハル・ノートを突きつけられたりしましたが、そこに出てくる条件は三国同盟からの離脱と中国からの軍隊の撤退です。この二つがアメリカの要求の基本です。

三国同盟を結んだ日本はドイツとイタリアだけでなくソ連も仲間に加えようとしていました。ところが、ドイツはソ連を敵視しているから、ソ連が加わるはずがなかったんです。昭和８（１９３３）年に国際連盟を脱退した後の日本には、肝心な情報が外から入ってこなくなっていた。外交官や陸海軍の駐在武官が世界各国にいたにもかかわらず、ソ連の考えが全然分かっていない。日本の情報に対する無知は致命的です。

日独伊三国同盟を結ぶにあたっては、ドイツによるイギリス本土上陸作戦が行われてイギリスが降伏するという夢物語を日本政府も軍部も前提にしていました。両国の海軍力、空軍力を比較すれば簡単にいくはずがないということすら駐在武官たちは分かっていなかった。東京の軍令部や海軍省の専門家たちも分かっていなかった。イギリスの降伏を信じ込んでいた当時の日本人は一体何なんだと私はいつも思います。昭和15年にポイント・オブ・ノーリターンを超える重要な決断がなされていたのに、我々国民はそれほど危機感を持っていなかったと思います。相変わらずアメリカ映画を娯《たの》しみ、野球も盛んだったし、ジャズで踊っていました。

従来、海軍はアメリカに近かったので昭和14年の段階では、三国同盟に猛反対していましたが、昭和15年になると、すっかりドイツびいきに変わっていた。どうしてなのか

1940年９月27日、ドイツ・ベルリンの総統官邸にて、日独伊三国同盟調印後にあいさつするドイツのリッベントロップ外相（右）。左から来栖三郎駐独大使、イタリアのチアノ外相、ヒトラー総統。

長いこと疑問に思っていましたが、あるとき懇意になった元海軍中佐に聞くと理由をそっと話してくれました。ドイツに留学した軍人にはドイツ政府が美人をお手伝いさんに付けてくれたそうです。だから、ドイツ留学組はみんなドイツびいきになった。そうやってハニートラップを受けた人たちが太平洋戦争直前に海軍中枢に集まっていた。三国同盟に舵を切るのはあっという間でした。歴史は決してかしこまったものじゃなくて、人間くさい理由で出来上がっていくものなんです。

空襲の焼け跡で決意

昭和19（1944）年11月に東京で本格的な空襲が始まり、米軍機が大編隊で飛来するようになりました。当初は民家を標的にすることはなく、軍事施設を狙っていました。かなり空襲を続けていたんですが、偵察機が確認すると、思うような成果が上がっていません。日本上空には偏西風が吹いていて、爆弾が強風で流されて標的から外れているのを知らなかったようなんですね。そのうち指揮官が交代し、赴任してきたカーチス・

ルメイという男が東京空襲を担当したわけです。ルメイは軍事施設に絞った爆撃だけで日本の戦力を奪うのは困難だと考え、ヨーロッパでやっていた無差別爆撃を採用しました。それを初めて実行したのが昭和20（1945）年3月10日の東京大空襲です。

この夜の大空襲の犠牲者は10万人にも上りますが、なぜそれほど膨らんだかと言うと、みんな消火活動をしていて逃げ遅れたからです。私が住んでいた向島にも焼夷弾が降ってきて火災が起きましたが、焼夷弾は消せるから逃げてはならないという指令が来ていて、私も含めてたくさんの人がバケツで火を消そうとしていた。だけど、焼夷弾の火は消せるなんて甘いもんじゃないですよ。気づいたときは周囲が火と煙の海になっていました。風は北風。メラメラと物凄い勢いで燃えていて、真っ黒い煙を突っ切って風上に逃げることができない。しょうがないので風下に逃げました。結局、中川なら泳げるだろうということで、中川に行ったんです。平井橋という橋が今でもありますけど、そこの近くに大きな空き地があって、たくさんの人が集まっていました。

それから1時間くらい後でしたかね、とんでもない勢いの炎がグワーッと襲ってきた。

これは大変だと思って、平井橋を通って向こう岸に行こうと思ったら人の数がすごい。対岸も火と煙です。どうしようと思って橋の上から川面を見たら、船が来ていましてね。川に落ちた人を助けているんですよ。橋の上から「乗って良いですか」って聞いたら、「早くこい」と返事があったから、橋から船に飛び乗りました。船の上では大人たちが溺れている人に手を伸ばして助けていました。私も手伝って2人助けた。ところが3人目の人に肩をつかまれて、私の体の方が小さいもんだから川に落っこちてしまった。

川の中では泳げない人が溺れていました。彼らに腕をつかまれると、引きずり込まれてしまう。私は泳げるんですけど、まっ暗な川の中ではどっちが上か下か方向感覚がなくなっていて、どっちに向かって泳いでいいか分からない。水を2回くらい飲みました。そのときゴムの長靴をはいていたんですが、長靴の中に水が入ってきて脱げてしまいました。それがユラユラと落ちていく。あ、こっちが川底だと分かった。その反対方向に泳いだら船があって助かった。今でも長靴がユラユラ落ちていくのが目に浮かびます。

私は助かった船の上から、寒さで震えながら岸を見ていました。川岸でたくさんの人の命が失われていました。人間の体が炭俵のように燃え上がっているのを呆然と見ていました。間もなく火が収まったんで岸に上がりましたが、帰るに帰れない。長靴がなくなったもんだから靴下だけでは危なくて焼け跡を歩けない。弱ったなと思っていたら、どこかのおじさんが「これ履いていきなよ、坊や」って靴をくれました。川に飛び込んだ人の靴でしょうね。それを履いて家に帰りました。家に着いたけど、完全に焼け落ちていて焼け跡が真っ白になっていました。何でこんな白いのかなと思っていたら、白い粉がファーっと雪のように飛んでいきました。畳表の灰でした。灰が飛んだ後、焼け跡は真っ黒になった。とにかく見渡すかぎり真っ黒な焼け野原でした。

そんな光景をぼんやりと見ながら、「これからは『絶対』という言葉は使わない」と決意しました。「日本は絶対負けない」とか「絶対に神風が吹く」とか「我が家は絶対焼けない」とか、それまでの私の周りにはたくさんの「絶対」がありました。そんなの全部ウソだって焼け跡でつくづくと思いましたね。

「戦争ができる国」の条件

あの戦争が終わって72年が過ぎました。戦後日本は憲法に平和主義を掲げて戦争をせずにやって来ましたが、ここ数年、憲法を空洞化して戦争ができる「普通の国」にしようという法律がいくつかできています。特定秘密保護法、安全保障関連法、「共謀罪」法などがそうです。少しさかのぼった１９９９年には、通信傍受法が成立しています。「共謀罪」法について政府はテロ対策のためだと説明していますが、政権批判をする奴を黙らせるためにつくったとしか思えません。

戦争をするためには、いくつか条件があります。資源や労働力などありとあらゆるものを国家に捧げる仕組みです。戦時中には国家総動員法がありましたが、今の時代に国家総動員法をつくるというのはハードルが高い。だけど最近、教育勅語がクローズアップされていますね。私は今でも暗誦できますが、例えば「爾臣民　父母ニ孝ニ　兄弟ニ友ニ夫婦相和シ　朋友相信シ」といった部分だけを切り出して、「教育勅語には良い面もあるじゃないか」と主張する人がいます。だけど、教育勅語は天皇の臣民たるために守れというもの。国家総動員法の基本です。

戦争をできる国にする条件の2番目は、軍事機密を絶対外に出さないということです。昔は軍機保護法という法律がありました。港や飛行場などの軍事関連施設の秘密を守るためのものです。今は特定秘密保護法という似た法律があります。

3番目は、戦争に反対する奴を押さえつけることです。戦前・戦中は治安維持法が使われました。それに取って代わるのが「共謀罪」法だと私は思います。政府は「テロ等準備罪」という言い方をしていて、治安維持法とちょっと違うところもあるものの、狙いは同じだと思っています。政府のやることに反対意見を持つ輩《やから》、思想的に危険な輩を片っ端から捕まえていく。やがては、そういう使われ方をしていくんだと思います。

それからメディア統制も権力者側にとって重要です。すでに半分統制されているようなメディアもありますけど、メディアを法的に押さえつけることは今の日本ではなかなか難しい。ただ、「共謀罪」法の対象の中には著作権法も含まれています。こうしたメディアに関係する法律を対象にすることで、一歩ずつ統制を進めようとしているのではないでしょうか。

長らく行使できないとされてきた集団的自衛権の行使が安倍政権になって認められました。日米安全保障条約は本来、対等な軍事同盟ではないはずなのに徐々に軍事同盟化しつつあると言えます。本来、日本が米軍に基地を提供するかわりに日本の防衛を引き受けてもらうのが安保条約ですが、対等にする方向に改められつつあります。集団的自衛権というのは簡単に言うと、他人のケンカをわざわざ買って出ること。日本はそんな真似をしなくたっていいんですよ。

「共謀罪」法と治安維持法

「共謀罪」法は治安維持法とよく比較されます。治安維持法ができたのは大正14（1925）年。国体を破壊する共産主義者や社会主義者を徹底的に縛るためのものです。昭和3（1928）年に改正されましたが、これは明らかに朝鮮対策でしょう。日本は朝鮮半島を植民地にしていましたが、当然ながら現地では反対運動が盛り上がります。そのころ共産党は弱体化していて取り締まる必要がなくなっていたにもかかわらず、最高刑を死刑にして厳罰化したのは、朝鮮半島における反乱を恐れていたからだと思います。

この改正で日本の社会主義者や自由主義者たちも煽りをくって押さえられたわけです。国際情勢を意識して社会を戦時体制に持っていかなくてはならないので、自由主義者や社会主義者にも手を広げ、労働組合や大衆運動を徹底的に押さえつけることができるように改められました。昭和16年に再度改正されたのですが、このときは日米関係が怪しくなっていて、政府が戦争の危機をかなり感じていたので、戦時体制をつくるために治安維持法を利用する必要がありました。

向島区議だった私のオヤジは反戦論者だったもんですから、太平洋戦争中に治安維持法違反容疑で警察に何度か呼ばれました。夜中に家に踏み込まれて、「お前は危険思想を鼓吹している」と言われて引っ張っていかれましたよ。隣組というのは、表向き配給情報の伝達など近所同士が生活を支え合うためにつくられたのですが、実際は反政府的な人をお上に密告する組織としても機能していたんです。「半藤のオヤジが戦争に負けるって言っている」という誰かの密告があったから、警察から目を付けられてしまった。オヤジは区議でしたし、大物都議と懇意にしていたので、たぶん口を利いてもらったのでしょう、幸いにして真夜中に家に戻って来ることができましたけど。

治安維持法は目的、目標がはっきりしています。最初は国体を破壊するとされた共産主義者や社会主義者。対象を広げてからは自由主義者。要するに国家のやり方に反対する思想の持ち主はいかんということです。ところが、「共謀罪」法は何が狙いなのかはっきりしません。組織的犯罪集団が取り締まりの対象とされてはいますが、対象となる犯罪の一覧表277項目を見ていても、とにかく大ざっぱで一体誰を取り締まることを目的にしているのかよく分からない。治安維持法も「共謀罪」法も、何かを取り締まるために権力者側が人の内面に手をつっこんでいく建て付けは似ています。「犯罪」は客観的なものではなくきわめて主観的に決められます。そして、治安維持法の取り締まり対象が明確だったのに対し、「共謀罪」法はそこがはっきりしないという点が異なるように思えます。

歴史家が見る安倍政権

この「共謀罪」法は、日本国憲法を空洞化させるため、安倍政権がやってきた様々な取り組みの流れの一つとして捉えた方がいい。戦争をできる国にするために一番大事なのは憲法9条を変えて自衛隊を軍隊にすることですが、安倍政権が狙っている憲法改正のもう一つの目玉は緊急事態条項でしょう。これがうまく織り込めれば、戦争国家体制つまり総力戦態勢をつくることができるわけです。

「美しい日本の憲法をつくる国民の会」という日本会議系の改憲団体があります。安倍首相は2017年5月、この団体が開いた集会にビデオメッセージを寄せ、「2020年を新しい憲法が施行される年にしたい」と述べました。団体が作成したチラシを見ると、改憲の方向性がはっきりと書かれています。前文に日本の伝統・文化を明記し、第1章で天皇を元首として位置づける。9条には自衛隊を明記する。大規模災害などの緊急事態を想定した規定の新設も掲げています。天皇、9条、緊急事態の三つは自民党もやりたいんじゃないかと思う。ただ、9条はすでに半分空洞化してしまっていますから、緊急事態条項ができれば目的を達することになるんじゃないか。いずれにせよ、緊急事態を憲法に規定することができれば、昭和史をねじ曲げた総力戦態勢が完成するわけです。

これだけのことをしてきた安倍政権の支持率が依然として高いのは、私にとって不思議でしょうがない。有権者が一連の政策を積極的に支持しているのではなく、他に適切な人物がいないというのがその理由なのでしょう。私はもう今の日本は、ポイント・オブ・ノーリターンは超えてしまったんじゃないかと思っています。特定秘密保護法や安全保障関連法ができた頃から、「これはもう戻れないんじゃないか」と考えるようになりました。もう憲法改正も必要ないんじゃないかとすら思えます。

歴史家の立場からいろいろなメディアで発言してきましたが、相当に老齢化してしまったのでしょうね、2016年の春に病気をしました。入院治療後も3カ月くらい家で仕事せずにぶらぶらしていたんですが、その頃、「もう表に出ないでおこう」と決めました。日本の明日に責任を持てる年齢じゃありません。責任を持てない人間が「ああしろ、こうしろ」と言うのはおこがましいと考え、若い世代に任せることにしました。でも、今の状況を見ていたらそんなことも言っていられません。だから、また新聞や雑誌で少しずつ発言するようにしました。

北朝鮮は大日本帝国の亡霊か

いま北朝鮮問題が注目されていますが、北朝鮮と大日本帝国は似ているところがあります。自分たちで対処できないところに、自分たちから入り込んでいます。日本が日中戦争でそうだったのと同じように、北朝鮮も泥沼に入りつつあるんじゃないでしょうか。北朝鮮の一般市民が金正恩・朝鮮労働党委員長を崇拝している姿をテレビで見るとあきれますが、それはかつて天皇を崇《あが》めていた我々の姿と重なる部分もあります。

戦時中、大日本帝国は秘密兵器である戦艦大和の建造をひた隠しにしました。その他の新兵器も。でも、北朝鮮はミサイル開発や核実験を前面に出しています。そこは大きく異なります。北朝鮮はグアム島を包囲するようにミサイルを撃ち込むと豪語していますが、そんなことできるはずがありません。ただ、ああいった国を徹底的に追い詰めるとヤケになって暴走するおそれがある。あくまでも話し合いでやることが大事です。

アメリカの航空母艦が日本海に入って朝鮮半島情勢の緊張が高まった2017年4月、ジャーナリストの船橋洋一氏と対談しました。北朝鮮を交渉のテーブルに着かせたとして、あくまでも「非核」の要求を突きつけるのか、それとも過去と同様に核開発の「凍結」でよしとするのか。私は「凍結」と主張しました。

私が凍結でいいと思うのは、満州事変の教訓が頭にあるからです。満州事変後の日本は満州国を建国しましたが、それを捨てろという国際社会の要求をのむことはできませんでした。日本の軍閥を弁護しているわけじゃありません。ただ、満州国を建国したところで国際連盟が介入し、「凍結しろ」と要求していれば日本もそこで立ち止まったと思うんです。あそこまでつくり上げたものを「ゼロの状態に戻せ」というのではやはりうまくいかない。リットン調査団はギリギリまで譲歩して調査報告書を出しました。日本はそれをのめばよかったんです。日本の生命線が満州国だったのと同じように、核は北朝鮮にとって生命線になっています。北朝鮮はすでにポイント・オブ・ノーリターンを超えてしまった。まったくゼロの状態に戻すことは不可能だと思った方がいいでしょう。

歴史は繰り返されるのか

しばしば「歴史は繰り返す」という言葉を耳にしますが、私はあまり使いません。無謀な戦争に突き進んだ歴史が、そのまま繰り返されるとは思えないからです。今と昔では根本的に異なる点がいくつもあります。例えばインターネットやSNSに代表される通信環境は比較にならないくらい進歩しました。人間の交流だって昔とは違う。

一方で、本質的にあまり変わっていない点もあります。戦前・戦中の日本と、今の日本がよく似ているのは、それほど貧しくなく、どちらかというと享楽主義である点だと思います。政治への関心はどちらもあまり高くない。人間が考えることは大して進歩しません。安倍首相が掲げるスローガンを鵜呑《うの》みにしているようでは、同じような過ちをまたやるんじゃないかと心配になります。一方では確実に社会が進歩し、一方で大して変わらないという両面があるんだと思います。

今の世界は保護主義的だと感じています。国際連合がもう少し強く出てもいいのに態度が弱く、各国がブロック化してしまっている。アメリカ・ファーストを掲げるトランプ大統領が出てきたときは「これは自国保護主義の政策をとったフーバー大統領のときと同じじゃないか」と頭をよぎりました。

安倍首相は、戦後レジームからの脱却を訴えています。戦後レジームとは何か。国民主権、平和主義、基本的人権の尊重。私はこの三つだと考えています。これで憲法施行から70年やってきたのに、それを脱却しようというのは戦前に戻ろうということなのかなと思います。なぜ、そんなことを言うのかというと、考えてみたら「戦後〇年」と言っているのは日本だけなんですね。他の国はどこも「建国〇年」です。私たちだけは

「戦後」を使っている。私たちの社会は、戦前から戦後に連続しているんです。韓国でも、ベトナムでも、フィリピンでも他の国は断絶することで建国としている。しかし、日本にとっての戦後の再スタートは少なくとも建国ではなかった。新しい国づくりのような顔をして戦後レジームをつくったけれども、これはまたすぐ元に戻りやすいものなのかもしれない。もともと政府の政策に同調しているほうが楽なのであるから。そんなふうに感じたりもします。

（聞き手・岩崎生之助）

三浦瑠麗

Lully Miura ◉ 国際政治学者

9条を信仰している人たちが戦争を起こす

日本は本当に「右傾化」しているのか？
安倍政権は憲法改正に突き進むのか？
日本型リベラルの欺瞞を問いながら、
ナショナリズムの変容を読み解く！

みうら・るり／1980年生まれ。東京大学大学院法学政治学研究科博士課程修了。現在、同大学政策ビジョン研究センター講師。著書に『日本に絶望している人のための政治入門』『トランプ時代の新世界秩序』など。

安倍政権の右傾化とはどういうものか

近年、日本の右傾化ということがさかんに言われています。しかし私は、この右傾化については、社会政策、外交・安保政策、経済政策と、細かく分けて考える必要があると思います。

まず、社会政策について言えば、その前提となる社会全体の価値観が変化しています。女性政務官が子どもを保育園に公用車で送迎していたとして週刊誌で批判的に報道された際は、逆に擁護の声が高まりました。今では性別による役割分担に固執する発想は少数派でしょう。

それでも、安倍政権は相当保守的な価値観を大事に考えている。社会政策の一部に含めていいのかはわからないけれども、天皇に関しても、内親王が民間人と結婚して皇籍を離脱するときに、女性宮家を認めるかどうかという論点では、絶対譲らない。こういうことにこそ、現政権の中枢部にいる人たちは拘《こだわ》っています。世代交代が進むにつれて、社会的価値観においてはリベラルがだんだん強くなってきているのだけれども、天皇制に関する政策や学校での道徳教育のあり方において、これ以上リベラルにしようという試みに対しては戦うよ、というのがこの政権の特徴です。

ただ、それ以外の問題についてどうかというと、例えば、2015年8月15日に発表した戦後70年談話で「リベラル側に譲った」というのが彼ら自身の成功体験になっている。あれは、歴史問題の落としどころが明快になったものとして評価できると考えています。同年末の慰安婦問題に関する日韓合意もそうですが、これ以上は右に行くことはないよ、という政権の宣言なのです。

経済についてはどうかというと、右傾化どころか左傾化している。一般に経済政策における右とは、自由競争を重んじる新自由主義に近い立場と考えられます。しかし、超々高齢化社会になると、新自由主義的発想の主要な担い手であった都市部のサラリーマンたちの多くが、受け取るだけの側になり、分配にしか関心が向かなくなる。その結果、経済政策のバランスが崩れて、競争や規制緩和を通じて成長力を押し上げようとする勢力がいなくなってしまうのです。

ただ、分配を求めると言っても、有権者のボリュームゾーンである「中産階級」だと自らを認識している人たちは、上を見て分配を求めることはあっても、下を見て自分たちの財産を分け与えよう、ということにはならない。つまりこの左傾化は、サラリーマンより下の層は切り捨てるよ、という左傾化なんですね。国民全体の底辺を底上げしようというナショナル・ミニマム的な共存政策には誰も関心がないのです。

安全保障の問題については、国際社会の常識を踏まえると安倍政権の政策は右と言えるような水準ではありません。防衛費の増加や、安保法制の整備に着目すれば、一見右寄りに思えるかもしれないけれど、それは、戦後日本という特殊状態を世界標準に戻していくごく初期の段階です。防衛費についても、日本は対GDP比で1％水準であるのに対し、米国は4％水準だし、NATO諸国の共通目標は2％水準です。日本の財政状況からすれば、防衛費の数千億円増は大事のように思えますが、世界的にはきわめて抑制的な水準なのです。

しかも、安倍政権の関心の焦点は、戦後レジーム的なるものの解体であって、積極的にやりたいことがあるわけではなさそうです。兵器を買うこと一つとっても、リアリストの政権なので、アメリカからばんばん兵器を買うということにはならない。総理は、アメリカに高い兵器を売りつけられてきた自民党保守政権の歴史を知っているので、及び腰です。基本的には、中国と北朝鮮に対して自分たちが比肩しうるような、日米同盟も含めた軍事力を持っておきたいという、拡張ではなく抑止の発想です。

抑止の発想に立ったときに、日米同盟の中で求められる役割が出てくる。大きな趨勢としては、米国も同盟国により多くを望むような方向に舵を切っているので、そこには一定の緊張関係やせめぎ合いがあるでしょう。それは、過去の自民党政権とたいして変わらない構図です。あえて過去の政権との違いを述べるなら、経産省主導の要素の強い内閣なので、安全保障だけのロジックではない、貿易的な意味でのナショナリストの意見が通る。むしろバランスが取れているとも言えると思っています。

日本の右傾化という命題に対しては、戦後日本的な特殊な制度や発想の解体は進んでいる一方で、社会のリベラル化に対して一生懸命足を踏ん張っているというのが実情ではないでしょうか。安保政策の変化は、東アジアの安全保障環境の現実が日本人の政治意識の中にもようやく浸透してきた結果、起こったことです。日米同盟に対する答えとして、集団的自衛権を付与するといったことが、やりやすくなったというだけの話ではないでしょうか。

護憲が去り「生活保守」が台頭する社会

学者という人種の特徴なのかもしれませんが、学問というものは、どうしても過去の出来事を分析する作業が主になります。その結果、人間はいつの時代もあんまり変わらないという発想に行きつきがちです。

時代を超えて政治を観察していくと、個が確立していない人ほど、アイデンティティーを強化するために、ナショナリズムや郷土保守的なものを求める傾向があります。でも、敗戦で「お国」が奪われ、とくに左派にとっては「お国はいやだ」となった日本では、頼るべきものがなくなってしまった。そうして55年体制下では、9条の平和思想こそが護憲派のアイデンティティーを強化するものとなったのです。9条への信仰は、戦後日本的な空間における屈折したナショナリズムの発露だった。ただ、外部環境の変化によって9条への信仰が揺らいでしまったときに、彼らはどこへ向かえばいいのか戸惑っているわけです。

主婦層の一部のような、消費者運動や環境運動などに関心を持ちつつ、9条っていいよねと思っていた人たちは、しだいに「生活保守」化してきています。この人たちは昔ならば「消費者はだまされている」「政府と企業が結託して公害を垂れ流している」という話を信じていた人たちです。ところが、例えば中国産の「毒入りギョウザ」が私たちの食卓に上ってくるかもしれない、という懸念が出てきたのが00年代くらい。

日中関係が大きく変化したタイミングとして、1998年に当時の江沢民国家主席が来日した時に、天皇に失礼な振る舞いをしたから反発を深めた、などと言われます。私は、このような生活保守層にとっては、もっと生活に近い、消費者運動の流れから反中意識が生まれたと思っています。さらに言えば、自己アイデンティティーを強化する中で、「日本はすごい」「おもてなし」などのナショナリズム的なものが台頭しつつあるのだと思います。

護憲思想から生活保守への転換を加速したのは、00年代以降に急速に進んだ情報化社会の到来です。ヨーロッパの安全保障研究においてコペンハーゲン学派が「生活上のいろいろな問題が安全保障化する」という理論を唱え、90年代後半に、社会の主要な関心となりました。冷戦が終わって10年、冷戦的な関心が薄れれば薄れるほど、ほかのものが主要な恐怖や関心になってくる。かつては、ソ連の脅威とか、なんとなくこわい東側のスパイ組織とか、原爆とか、第三次世界大戦が始まる……、そうしたシナリオだったところに、代替してきたのが「生活の脅威」だったわけです。

そうなると既存の政治はどうなるか。55年体制下では、階級差が小さい日本においては保守vs.社会主義。もう少し露骨に、共産党vs.反共という国もありました。だけど、冷戦が終わり、その種の対立軸が意味を失った。日本でも、社会党から首相になった村山富市さんが自衛隊の存在を認めたことによって歴史的な瞬間が訪れた。こうした中で、政治家が中国の脅威といったものを頻繁に取り上げるようになる。

しかも、中国が相対的に国力を伸ばしていったのが90年代。この時期に日本人が中国を嫌いになっていったのはきわめて当たり前の現象だったと思います。これは、政治の表面において日中関係が改善しても、もう元に戻らないでしょう。

反米から反中に変わるナショナリズム

安倍総理が政権を取るまでは、右派にも親米右派と反米右派がいて、反米ナショナリズムにも一定の勢いがありました。でも、この系譜は安倍総理が政権に就いた頃には落ち着いてしまった。戦後レジームからの脱却という言葉には多様な意味が込められることがあるけれど、本来は、戦後レジームを主導してきたのは米国であるのだから、その脱却には反米的なエネルギーがあるはずでした。実際、政権を取る前の安倍総理の発言にはそういうニュアンスも含まれていました。

ところが、安倍総理自身、権力を取り戻すと保守化し、日米同盟を「利害の問題」として捉えるようになります。もちろん、過去のアイデンティティーとしては、アメリカは「原爆を落とした」「日系人の収容所をつくった」などといったことがありますが、こうした過去の記憶というのは、「でも、私たちも悪いことをしたらしい」ということで相殺されていく。

結局、負け犬の遠吠えではないですが、反米ナショナリズムというのは、基本的に食うに困っていたり、権力が欲しくてたまらない状態から来るのだと思います。例えば、戦中世代の反米ナショナリズムというのは、作家、石原慎太郎さんの、日本女性とデートしていた豊かで威勢の良い米兵に対する徹底的な反感に見られるように、男性性を去勢するものとして米軍の存在をとらえている。それが「どうでもいいや」となり、米軍の存在が気にならなくなった、というのが団塊以降の世代なのではないかなと。現に、かつて圧倒的に豊かさを誇っていた米兵も、いま基地に駐屯している兵卒の暮らし向きは日本の中産階級よりも悪いでしょう。

自分が権力を手にして落ち着いて、かつ豊かになっていけば、恨みは消え去っていくものです。安倍総理は、自分の世代よりも上の世代から薫陶を受けてきて、なんとなく反米ナショナリズムに共感していただけでしょう。

今や多くの保守、中道は、中国との距離感で自らのアイデンティティーを強化しています。言わばこの国は、中身が右傾化したわけではなくて、弱い個の拠り所が、「反米」から「反中」になったというだけなんです。いまだに反米と言っているのは、わずかな左派の知識人や学者だけです。そもそも議論の対象が違うため、反米と反中が話しても、まったくかみ合いません。

1991年に起きた湾岸戦争は、冷戦の終わりの象徴でした。世界で一番注目される戦争において、アメリカとソ連が同じ側に立ったからです。90年代後半のユーゴスラビア紛争とコソボ介入にしても、米ロにはもう少し緊張関係があったけれど、大きな枠組みでは協力していた。ところが、日本の左派は時代の変化にまったくついていけていなくて、相変わらず反米を叫ぶだけの左派は、「米帝国主義」以外の悪に目が行かない。

日本の外交・安保思想の重心が右派優位で進展してきたのは、変わることができなかった戦後日本的左派の自縄自縛に原因があると思っています。ただ、左派があまりに時代錯誤であった結果、保守や右派の思想も鍛えられていません。左派に対して「おまえたち時代遅れだな、これからは反中だぜ」と言っている右派がいかに「反中」を唱えようとも、中国に抑圧されている人たちを助けてあげようという意識はありません。まあ、左派叩きのレトリックで言っているだけなのです。

当の安倍政権はというと、対中国という意味では複雑です。二面性があり、安全保障の帽子をかぶっているときは対中強硬派になるけれども、経済の帽子をかぶっているときはだいぶ違う。しかも北朝鮮危機が起きれば、中国への攻撃をゆるめざるを得ない。北朝鮮の危機が深刻化することは、中国にとって日中関係上得なんです。こちらも、つい中国がまともな国に見えてしまいます。

昔は権力者の意識の中には、日本はアジアの中で先駆けて開国し、欧米の植民地主義と戦った特別な国だという意識があった。でも今は、「中国のように行列に並ばない人たちがそこら中でつばを吐いたりしている国じゃないんだ」という程度で満足している。日本はどんどん内向きになってきているので、そこが心配です。反米だったときは、むしろアメリカに代わるものたりえようという気概があったかもしれない。それが今はナショナリズムのあり方として「もう外国人は入ってこないで」「考え方の異なる人は出て行って」という排外主義的な発想が強くなっている。この状態はむしろ戦前の日本よりもっと悪いかもしれない。今の時代、亡命してきた孫文を匿まって中国革命を成就させようと一肌脱ぐような政治家や財界人なんて、絶対存在しないでしょうね。ものすごく外の世界への関心が低いんです。

日本型リベラルの欺瞞

社会主義や憲法9条を信じる人たちは、政権を監視するという権力批判の視点をとても大切にします。労働運動やリベラル派の知識人などがこの運動を主導してきました。ただ、私が思うにリベラル派の知識人というのは、年齢とともに変質する傾向があります。だいたい50代に入って自分の財産を形成してしまうと、次第にリベラルではなくなって保守化する。保守化するのだけれど、反権力の気分だけは引きずっている。日本では個が弱いから仕方ないことだとも言えますが、これはきわめて危険な流れだと思います。

世界標準で言うところのリベラルというのは、運動の背骨を形作る思想家が何人かいて、組織された政党があって、個人主義的な色彩を持っていないといけない。でも、日本型リベラルの多くは、50代くらいで自己利益から保守化する。ただ、反権力の気分を引きずっているので、既存の権力を批判する保守にコロッとだまされてついていくのです。これは、小池百合子都知事を支持している人たちを見ればわかる話です。2017年の都議選で小池さんを支持した生活者ネットワークや公明党は、本来リベラルだったのに、生活保守になっている。

冷戦が終わって社会主義が通用しなくなり、かつ9条以外に自己を支える強いアイデンティティーをもっていなかったために、もしかしたら存在し得たかもしれないリベラリズムも芽生えなかった。残ったのは、分配だけを求め、権威を引きずり下ろすことにばかり関心が偏っている集団なのではないか。

ファシズムが支持される土台を提供するのって、実は、そういう集団なんです。ファシズムの教訓については誤解が多く、市民の自由を奪ったところに性根の悪い独裁者が出てくる、というくらいの発想が根強いのだけれど、そうではありません。ファシズムというのは、まずもって否定のエネルギーに突き動かされた中産階級が支持した運動です。そうでなければ、ヒトラーもただの変な失敗者で終わったはずです。

何も、9条を信仰する人たちがファシストであると言いたいわけではありません。それはさすがに飛躍しています。ただ、民主主義社会において大きなウエイトをなす集団が、非現実的な社会認識に支えられた、ナショナリズムの代替物を信じ、分配と権威の否定に関心を片寄せているとすれば、健全とは言い難いと思うのです。

話は変わりますが、今の安倍政権には重点政策がありません。アベノミクスで金融緩和しているとしても、その間にやらなくてはいけないことに対して手を付けなかった。これからもやるつもりがないのは明らかでしょう。構造改革はポーズだけ。必要な社会保障改革は有権者の反目を恐れて先送りする。結果、経済政策の論点としては消費税を上げるかどうかに注目が集まってきた。「一億総活躍」とか、「人づくり革命」とか、「働き方改革」などと言って毎年看板を掛け替えていますが、日本社会で構造的に割りを食っている現役・若年層を対象とした政策にも多少は目配りしているよとアピールするくらいの意味しかありません。

ただ、消費税を上げれば、景気を冷やしてしまって第一次安倍政権の失敗の再現みたいな話になってしまいます。政権をもたせるのには外交得点を稼ぎたい。ところが北方領土問題は相手のロシアにやる気がなく、対米政策はうまくいっているけれどこれ以上取れるものがあるわけではない。対中国は、日中双方に関係を改善するインセンティブが働いていないし、保守政権を支えるナショナリズムの源泉になっているので触れない。

本来は、北朝鮮問題や拉致問題の解決をしなければいけないのだけれど、それも難しいとなれば、政権を浮揚させるにはもう憲法改正しかない。安倍総理は、確かに憲法改正を一番やりたい。けれど、そこには他にやることがないから憲法改正をするという構造もあるのだと思っています。

安倍総理は2017年5月3日、憲法改正を求める集会に寄せたビデオメッセージや、同日付の読売新聞によるインタビュー記事で、「9条1項、2項を残しつつ、自衛隊を明文で書き込む」という考え方を示しました。私は、この考え方には賛成できません。自衛隊の地位が安定して、保守の側の気分がちょっとばかし良くなるくらいで、たいした役に立たないからです。安保法制のときに、たいして使えない集団的自衛権をつけたのと同じように、左派陣営を突き崩すという象徴性を最も重視しているんですね。

お会いした際の印象として、総理は「保守がリベラルに譲るんだ」ということを重視しておられます。9条2項を削らないというのは、もちろん公明党対策ですが、総理の目線からすると、保守がリベラルに歩み寄る形で、戦後のレジームを終わらせるという意味ももちます。これは、保守が政権を握っている下で、保守が主導する形でリベラルとの和解がなされる、という戦後70年談話の成功体験の踏襲なのです。3項加憲について、リベラル寄りの共同通信による世論調査でも、「必要だ」(56%)が、「必要でない」(34・1%)を大きく上回った。総理のやり方は部分的には成功しはじめている。

ただ、私は自衛隊員のためを考えても、単純に3項加憲だけでおしまい、とはいかないでしょ、と思っています。戦後長らく日陰者であった自衛隊について世界標準と言えるような法的基盤を整備するのであれば、軍事法廷を備えたうえで最高裁を結審の場にするとか、軍事に関する国会の調査委員会をつくるといった目配りが必要です。また、国会による開戦の承認権限を法律事項から憲法事項に格上げするなどして、立法府によるシビリアン・コントロールを強化すべきでしょう。3項加憲は、ふわっと民意の賛同を得ているけれども、私から見ると、それが許されるのは社会の甘さだと思います。

私の持論は、9条1項の平和主義を維持しつつ9条2項を削除すること。もちろん、改憲のような大きな政治的テーマには妥協がつきものなので、日本の安保や自衛隊の現実にきちんと目配りした改正なら、仮に二項が取れなくても賛成はします。そういう目線の高さがあるかどうかで、この政権が成功するかどうかが決まると考えています。

憲法9条を失った日本の行方

憲法改正への流れは止まらないでしょう。安倍政権の政権運営については、細かなミスはありますが、やれることの範囲内で大きな方向性は間違っていないと私は考えています。その意味では、どこまでも現実主義的な政権です。しかし、この国に9条というアイデンティティーがなくなり、反米が過去のものとなり、反中も経済的には成立し得ないとなったとき、この国はいったい何に立脚していくんだと思うことはあります。スカスカになるのではないかと。

アメリカのような、建国時と現在とで国境線が全く違っていて、理念や契約で成り立つ国と異なり、日本では国民全体に最初から同意された政策なんてありません。日本という社会を成り立たせている基本的な合意、言い換えれば、ある種の普遍性みたいなものは本当に存在するのか、という根源的な懸念があります。日本には、世界標準的な意味におけるリベラルはほとんど存在しないのです。

左派陣営が、現実主義的な安全保障と国家主義的な社会政策を十把一からげにして批判するとき、私はとてもついていけないと思って彼らを嫌悪するのだけれど、この国のコアな部分に存在していそうな「無原則性」への懸念は共有しています。勘違いと独善の上に成立していたとはいえ、戦後日本の一つの重しであった9条という原則をなくしたとき、戦後社会が作り上げてきた、女性の自由な生き方とか、マイノリティの保護とかいったことまで崩れてしまわないか。

卑近な例ですが、例えば「男子中学生は全員丸坊主」という学習指導要領ができたとして、いまなら「えっ?」という感じだけれど、後世の人はそう思わないかもしれない。国家として原則をつくってこなかったことのツケが今出ていて、それはたぶんどこまでも行ってしまう可能性があります。せめて残るのは、「お上に勝手なことはされたくない」といった昔からある地方の自律感情でしょうが、とはいえ、それも弱い。

アメリカ人の憲法制定の位置づけは、神の御前において約束を交わした、というものです。つまり、憲法にさからうことはキリスト教の一神教の神にさからうことになる。だから、一神教の神を知らない人間（ネイティブ・アメリカン）を殺すことも彼らにはもともと合理的だったんですね。

ところが、我々には一神教の神はいません。かわりに戦後、憲法に、国民主権、基本的人権の尊重、平和主義という三本柱を置き、中でも国民主権がすごく大事なものだと教わりました。戦後憲法が、つらかった時代が終わり、同時に独立を回復するための方便として位置づけられた限りにおいて日本人はそれを歓迎したけれど、その深い理想の重みを理解することなしにやってきたわけです。憲法前文には「平和を愛する諸国民の公正と信義に信頼して、われらの安全と生存を保持しようと決意した」と書いてありますが、日本国民はそんなこと1ミリも考えていないでしょう。我々はプロテスタントではないので、神の御前で人間として誓うんだ、なんて思ってもいないのに、そういう憲法を持ってしまったことが問題です。

代わりに日本人が共有しているものは道徳律です。これは、お母さんにやさしくしなさい、おばあちゃんの荷物を持ってあげなさい、といったもの。実際、保守はいろいろなことを憲法に書き込もうとしています。だから私は揶揄《やゆ》して言うのですが、プールサイドを走ってはいけません、とか、温泉の中にタオルを入れてはいけません、ということまで憲法に書くんですか、という話です。日本では、ごくごく一部の人たちしか、原理原則で国家が成り立っていると思っていない。

そうすると、国家観に、神話や、お母さんをいじめちゃだめだという道徳律がある程度侵入してくるのを許容せざるを得ません。せいぜい、「わたの原八十島かけて漕ぎ出でぬと人には告げよあまのつり舟」じゃないですけど、そういう文学作品に繰り返し謳《うた》われてきた「八十の島々」が日本人が暮らしてきた風土です、とかいうくらいの叙述までにとどめてくれると、少数派の都会人の価値観や権利といった多様性が守れます。どこに線を引くかというところを間違ってはいけないのです。

そもそも左派にしても、政権が言う「家族を大事にしましょう」ということをわざわざ憲法に書きこもうとする発想に、私と同じように嫌悪感を覚えているのか疑問に思うことがあります。彼らの嫌悪感は、政権への嫌悪感や、（自分たち弱者を虐げる）力の強い人々への嫌悪感に過ぎないのではないかと感じるのです。というのも、現実主義的な安全保障政策を支持し、改憲派であることを明言している私に対して寄せられるバッシングのほとんどは女性蔑視剥き出しなのです。新しい人権擁護の運動体のなかでも、女性蔑視の発想がある、という内部告発が話題になっていますね。その現実を前にすると、ほとんどの左派には何の原則もなくて、リベラリズムとは何の関係もないのではないか、ということを直視せざるを得ない。

だからというわけではないのですが、自由を侵害してはならないという原則の部分では徹底して戦いつつ、この国に根付いているコンセンサスを探る意味で道徳律にも一定の配慮をすることには意味があるかもしれないと思うのです。無理はやめて、大事な守るべきところに絞らないと結局何もなくなってしまう可能性があるのではないかと。

私はいろいろな政治家の方と、夜に会食するのですが、私に「お子さん、（見ていなくて）大丈夫？」って聞いてこないのは、総理とか、高村副総裁といった、自民党のトップの人たちだけです。一番保守だと批判されている人たちが、一番リベラル。リベラルだと自称している人の中にも実は差別意識があり、男性には聞かない質問を女性にはする社会なのです。しかも、リベラルと自称する人ほど自覚意識がないのが始末に負えない。

女性宮家の創設問題では、女性宮家をつくるべきだという考えの私を、三時間かけて説得しようとした保守派の政治家の方がいました。彼らは世代間での相違というか、我々の世代は自分たちと違う発想をするということが理解できないのです。何せ、今の主流の政治家は70代。これはもう世代交代して変わっていくしかないのです。

だからこそ、私は希望を失っていません。だって、世代間の戦いには必ず勝てるでしょう。絶対に今の70代が負けるんですよ。時の経過とともに減っていく。ほうっておいてもそうなるからこそ、どうやって子供を教育するか、ということが一番大事なことなんです。

では、道徳律に基づいて教育しようとしている右派に対して、グローバルで差別をしないといった感覚を養うためにはどういう教育をすればいいのか。すごく大きな課題ですが、実は社会が取り組めていない。ゆとり教育の理想は、発案者がたまたま芸術的なセンスがある人だったこともあり、人間としての強さ、豊かさを育てるというところにありました。けれども、それと、彼らが始めた教育が本当に強い個をつくっていくか、ということはまったく別物です。

リベラルはそこをもっとがんばった方がいい。幼児教育や学童保育など、学校教育を補完する重要な局面において、リベラルの側は多くの場合、リスクを増やさない、けがをさせないことだけを考えています。一方、右派は幼児教育の段階から、寺子屋的に論語を読ませたりする。当然学力は上がりますよね。さらにビシビシ体育指導したりして、それこそ、宙返りができるような保育園児というのがいたりするわけです。特に地方の現場では、右派のほうが情熱もあって優秀な場合が多いのです。

共謀罪をめぐる議論の問題点

「共謀罪」という刑法の体系を変えてしまうようなものが通ったのに、もはやそれが話題に上らなくなってしまっている日本というのはまずいですよね。集団的自衛権のときもそうなのですが、なかなか適用が想定しづらいものが多い。テロが起きたときに、なぜ未然に防止できなかったのか、というような状況が生まれるでしょう。仮に一回テロの阻止に失敗すると、取り締まりはぐっと厳しくなり、警察は必死になって引き締めを図っていくでしょう。だから、条文に解釈の余地や裁量の余地を残しすぎてはいけないのです。

ただ、パレルモ条約（国際組織犯罪防止条約）は締結できたので、外国との情報共有は進むでしょう。この条約は、当初は組織犯罪やマネーロンダリングへの対抗が主目的でしたが、最近の各国の関心がテロなのでそれをうまく生かしていくのが大切です。国際犯罪を防ぐという意味では、日本が一番力を入れているのは対北朝鮮でのテロリズムや密輸の防止。北朝鮮に甘い国々に働きかけを強化するという課題もあります。

一方で、反対側である左派の議論も、おかしかった。彼らは「アベ政治を許さない」というスローガンのもと、「共謀罪」法案が通ったら日本はもう終わりだと騒ぎ立てた。結局、法案が成立しても、「終わらなかったじゃん」ということで、「終わる終わる詐欺」になってしまっています。このことが中道の人をわっと右につかせてしまう。

この法案は法体系を完全に変えてしまうものだから、やはり法治国家を信じる者としては、犯した罪と受ける罰の均衡性は必要だし、捜査機関の裁量に任せる部分はなるべく少ない方がいい、と順当な批判だけをして中道を味方につけなければいけなかった。これは今のアメリカでも見られますが、リベラルが必ず2、3歩踏み込みすぎている。それによって間違いが起きるのです。

アメリカやヨーロッパのように、テロ対策といえばなんでも許される感じが日本にもしのびよっているのも問題だと思います。日本にも、以前はパレスチナにすごく思い入れを持ってしまうような人たちが存在したけれども、今はあのようなテロ理解はほとんどない。だとすると、テロは殺人に比べて、どれだけ悪いのかという根源が議論されないまま、テロの恐怖だけがだんだん浸透していく社会は危険です。テロリストが厳しく処罰されるのは、テロリストが「社会の敵」と見做されるからです。テロリズムによる殺人が、情痴殺人より罪が重いという発想は、国家を中心とする発想です。この発想の部分だけを取り出せば、治安維持法と重なる部分があります。治安維持法の時代の社会の敵は、革命路線を捨てていない共産主義者でした。だからこそ、革命を起こす前に彼らは処罰された。

かつては、共産主義者やアナーキストというのは、社会全体が怖がっていた。今はテロリストが社会の敵ということになっているけれど、日本ではまだテロに対する現実的な恐怖があるわけではない。そのため、反対派の論陣は、一般人が巻き込まれるというおかしなものになってしまった。本来、体を張って主張すべきは、冤罪の阻止だけでなく、犯罪者が不当に重くさばかれることへの反発であるべきなのです。

結果として、どうやって安全と自由のバランスを取るのかという本質の議論がなされない。左派は、「治安維持法の復活だ!」と叫んで権力批判を行い、保守は一言テロ対策といえば納得する状況ができてしまっています。左派も右派も、基本的に敵か味方かで主張が出来上がっている気がします。

自分たちが取り締まられる可能性がなさそうな法律だからといって、世間がそのまますると通してしまう。誰も少数者の側に立った戦いをしようとしない。左派にしても、一般人とそれ以外、という政権がつくったロジックに乗っかってしまって、その線引きを明確にする戦略を取ってしまった。

一般人であっても巻き込まれて処罰される可能性があるのではないか、という質問が国会で出て、新聞でもそう書いていました。でも本当は、暴力団に入ってしまった弱い、エリートではない若者が罪を犯したときに、それがエリートの犯した他の同じような犯罪に比べて重い処罰をされるべきなのかどうか。そこで犯罪者の側の視点に立った裁きが必要ではないか、という問題なのに、こういう議論はなされなかった。

この国の左派にそうした人権意識がないということは、かなり深刻な話です。だから安全と自由のバランスの議論がこの国に根付かない。いざ、安全が危機に瀕すれば、みんな安全を求めて、そちらに雪崩を打って行ってしまうでしょう。犯罪者の人権という考え方は一夜にしてなくなる。自分は一般人だから、自分は正しい側にいるから、テロリストと疑われた人がどんなに冤罪になろうが、あるいは、暴力団の罪がどんなに重すぎようが、関係ないということになる。マスコミが、バッシングの対象を探して週替わりで有名人を延々リンチする報道を行っても、国民はそれを諾々と消費し続けているのですから。

徴兵制で批判されたことへの反論

私は著書『シビリアンの戦争――デモクラシーが攻撃的になるとき』(岩波書店)で、戦争の血のコストを平等に負担するための徴兵制の導入について言及したことで大きな批判を受けました。あの論考の真意は、この問題には「解がない」ということです。民主主義社会において負担の不均衡が起こることは避けようのない現実です。

ただ、知識人は「解がない」ということに耐えられるけれど、多くの人は解がない、ということに耐えられない。だから、私が理念解として出した徴兵制について攻撃をする。そうすると、重たい事実と向き合わないで済むからです。シビリアンが軍人より好戦的であったり、デモクラシーがどんなに発達しても好戦的になり得たりすることを認めたくないから、陰謀論に加担したり、誰かに責任転嫁する。そうして、安易ないつわりの解に飛びつくことで、厳しい現実と向き合わない。

私が徴兵制という解を提示したときの狂奔ぶりを見て、日本はなぜ日中戦争から太平洋戦争へ一気にのめり込んでいったか分かった気がしました。日本であの戦争を悲劇として取り上げる際には、『永遠のゼロ』に代表されるようにインテリの若者の特攻がよく描かれます。では、インテリでも若くもない人の死は悲劇ではないのでしょうか。

私はいま各国における徴兵制の歴史の本を書いていますが、軍が昔からなぜ忌み嫌われたのかというと、下層者の集まりだったからです。でもその人たちがいるおかげで、ほかの市民は戦争にいかなくて済んだ。太平洋戦争では、最後の2、3年間ぐらいに学徒出陣もあって、徴兵がエリートにまで及びました。だからといって、徴兵制があったから戦争が起きたというわけでは決してありません。

この問題で、私は「おまえが戦争に行け」と批判されることが多いのだけれど、「おまえが行け」という発言自体がむしろ私の説の正しさを裏書きしている。要はそのぐらいの覚悟をもっていれば戦争をしなくてすむわけです。そこが理解できないで、誰か自分じゃない他の人に行ってもらいたい、という発想をする。

私は日本が戦争をしない国だとは思っていません。むしろ、9条を信仰している人たちが戦争を起こす側にまわると思っているのです。そんなことはない、と反論されるかもしれませんが、その反論に願望を超えた論拠があるか自省すべきです。特に危険なのが、9条があることで自分たちは特別に選ばれた存在だと思う傾向です。原爆を落とされていることも手伝って選民思想になっている。

客観的でない選民思想は、我々が行う戦争こそ正しい戦争だということに転化しやすいので、いざ追い込まれたときに、戦いに駆り立てられる。あるいは、正義を犠牲にしてもいいから犠牲を出したくない、というような、合理的な考えが持ちにくくなる。
イギリスは、ナポレオンのフランスや残酷なロシアに比べて、自分たちはすばらしい国だと思って正義の戦争に幾度も向かってきました。サッチャー政権が、アルゼンチンの暴政に晒された島民たちを救出するといって、議会の歓呼の声を受けて開戦したフォークランド戦争の経緯を見ると、いかにも日本がしそうな戦争だ、と思いますよ。

（聞き手・三橋麻子）

第2部

「共謀罪」は歴史をどう変えるか

落合恵子

Keiko Ochiai ◉ 作家

伝えない不誠実さ、伝わらないジレンマ

おちあい・けいこ／主な著書に『ザ・レイプ』『質問 老いることはいやですか？』など。

市民運動の現場には、「分断」への懸念が広がる。

「共謀罪」法案の国会審議を見ていると、無理に通そうとしている意図がありあり。法務大臣でさえ答弁が危ういから法務省の刑事局長に答弁させる。テロを防げるかどうかは別問題なのに、東京五輪を引き合いに出して「さあ、どうしますか」と迫る。国民に対するフェアな姿勢とは思えません。

ただ、その不誠実さが関心がない人にはなかなか伝わらない。治安維持法違反で逮捕され、拷問で命を落とした小林多喜二の話をしても「戦前のことでしょ?」となる。原発など目に見える問題と比べると、遠い話に思われてしまう。

だけど、考えていただきたい。人間にとって、何を考えるか、誰と何を話すか、何をどう表現するかは基本的な生きる権利であり、生きている証しです。共謀罪の問題点は「心の内」さえ処罰し、権力への異議申し立てを認めないことです。

政府は「一般の人には適用されない」と言うが、信じられません。30年ほど前のラジオ番組で、戦時中に軍事機密を漏らしたとして北海道帝国大学（当時）の学生が逮捕された冤罪《えんざい》事件を取材しました。学生の妹に当たる方や弁護士さんに話を聴いたが、「スパイ」がぬれぎぬだとわかった後も、周囲からの偏見は消えなかったと証言されていた。

私は長い間、市民運動にかかわってきた。岐阜県では風力発電施設の建設計画をめぐり、県警が市民運動家の個人情報を企業側に漏らしていた。それでも警察庁は国会で「通常の警察業務」と答弁した。共謀罪によってこうした動きが強まるのは間違いない。

さらに恐ろしいのは、市民がその影響を受けてしまうことだ。「反対運動は危ない」「近づくのはやめよう」となりかねない。共謀罪には、ある人たちを「異質だ」と切り捨てる風潮を加速させる効果もあるのではないか。

いま何か犯罪が発生すると、防犯カメラの映像で行方を追う。見方を変えればそれだけ監視が強化されていると言える。一昔前までカメラの設置にはプライバシーの問題が指摘されていたが、そんな声はかすんでしまった。もちろん事件解決に役立っている事実は認めるが、便利なものの裏にある負の部分にも目を向けないといけない。

安倍政権は、不祥事があっても、強引に法案を通しても、高い支持率を保っている。世の中が不安定だから、強い者と一緒にいたいという有権者の心理が働いているのかもしれない。しかし、その不安定さ、不穏な空気作っているのは、誰なのか。

こうした現状では法案を止めることは難しいという声もあるが、それでも反対していきたい。本当に話を聞いてもらわなければならないのは、抗議集会などに来ない人たちだ。まずは周りの5人に語り、それぞれまた周囲の5人に語ってもらう。声高に叫ぶ「闘いの言葉」ではなく、関心のない人にも届く言葉で問題点を伝えなくてはならない。

私たちは曲がりなりにも民主主義、立憲主義の時代を生きている。自分たちが学んだこと、上の世代から聴いたことを充分に未来に生かしていきたい。


（朝日新聞2017年4月27日付掲載／聞き手・岩崎生之助）

以下、各項目末尾の日付は朝日新聞掲載日を示す。

ドリアン助川

Durian Sukegawa ◉ 作家

反権力作品、いまは罪に問われぬが

どりあん・すけがわ／著書に米同時多発テロの経験を基にした小説『あなたという国　ニューヨーク・サン・ソウル』や河瀬直美監督が映画化した『あん』など。

かつて経験のない
密告社会になっていくんじゃないか。

政府は、この法律はテロ対策だと言う。東京五輪を前にテロへの不安が募るのは分からないでもないが、私は同時多発テロの時に米国に暮らしていて、その経験をふまえると、法律でテロを取り締まれるのか疑問だ。テロの根っこには憎しみがあるからで、そうした憎悪をつくらない社会が最大の抑止だと思う。

いま米国が一部の国の人の入国を制限している。テロ対策だが、世界中に憎悪の種を振りまいていることを自覚しているからで、不安でならないのだろう。米国追随で日本がその流れに組み込まれることは怖い。憎悪が日本人に向くからだ。

もう一点。私は作家だから、小説を書くにしろ歌をつくるにしろ、反権力的なものを当然つくるし、そんな文章を書くかもしれない。法律ができることで、その表現に対し、捜査機関の恣意《しい》的な判断を許してしまうことが怖い。国家転覆につながるかもしれないなどと判断されかねない。

反権力的な発言やデモを企画すると捜査機関から何らかの取り調べを受けるのではないかという恐怖に加えて、人が何を考えているかを罪にすることができるようになると、密告が起きやすくなる。国民それぞれが密告しあう。「メールでこんなことを言っている。危ないんじゃないか」とだれかが通報して捜査機関が動く。本音を出さず、監視しあう。のっぺらぼうの顔をしてすれ違う。そんな社会は、憎悪もうむ。

だから、この法律ができてもテロがなくなるとは到底思えない。テロを未然に防ぐために、一般国民が何を思考しているのかチェックするのは本末転倒だ。

法律というのは等しく国民に適用されるはずのものだ。「共謀罪」は決してそうではない。何らかのデモを画策した人たちに適用されるかもしれないが、例えば、国有地が格安で特別な人々に譲渡される「共謀」は問わないだろう。権力者側には振り向けられない。半分法律で、半分道具。権力者側から国民に向けられたもの。不公平で、権力を強くしていく道具だ。

作家の話に戻すと、反権力の歌や文章を書いても、いまは罪に問われはしません。「いまは」という条件付きの話で、この先どんな時代がくるか分からない。かりに私の小説を読んだ人が政治家を襲ったとして、犯罪をあおったと作家が連行されることもあり得る。そんな時、裁判になるが、日本の司法が正しく判断できるか。権力にあらがえるか。原発の再稼働の裁判をみていると、三権分立も壊れていると言わざるを得ない。そういう意味で恣意的な捜査機関にとらえられたら終わりという気がする。

政府は「一般の人は関係ない」と繰り返す。大多数のみなさんは、自分は無関係と思っている。密告が推奨されたぞ、身内がしょっぴかれたぞとなって、はじめて気付くのではないか。

五輪のためなら多少の不自由はいいのか。かつての治安維持法のように、権力の道具に成り下がるおそれがある法律を、のちの世代に残すべきではない。

（2017年4月25日／聞き手・高木智子）

小林よしのり

Yoshinori Kobayashi ◉ 漫画家

自由奪われた羊にさせられるのは嫌

こばやし・よしのり／1992年、社会問題を扱う漫画『ゴーマニズム宣言』の連載開始。『戦争論』『沖縄論』『天皇論』など。

テロを未然に防いで治安を守る。
その正義の陰にあるものは何か。

わしは1990年代、薬害エイズ問題に関わっていた。厚生省（当時）の前で学生らと集会をやると、公安警察があちこちで見張っていた。

被害にあった子どもたちが次々と亡くなるのに、厚生省は肝心な資料を出さない。行き詰まりを解決するため、マスコミや世間の注目を集める方法がないか悩んだ。そこで色や臭いがある無害なガスを厚生省でまいて驚かせようと計画し、仲間の学生と相談する様子を漫画にも描いた。

結局、事態が動きはじめたため実行せずにすんだが、「共謀罪」があれば威力業務妨害罪などに問われたかもしれない。もちろんわしは人を傷つけたりしないが、こうした正義のための表現行為まで摘んでしまわない社会の方がいい。

逆に、テロの標的になったこともある。オウム真理教を追及していたら、教団からV

Xガスで命を狙われた。警察に行ったけど何もしてくれない。身の安全を考えれば、共謀罪で信者への監視を強めてもらった方が襲撃を防げていいということになる。

これらを天秤《てんびん》にかけたとき、わしとしては共謀罪を創設するのではなく、今の刑法にある予備罪をもっと活用して対処してほしいと思う。確かに、何をやるか分からん連中はきちんと調べてもらわないと困る。でも、テロを防ぐためだからといって自由を奪われた羊にさせられるのは嫌だ。

共謀罪の一番の問題は、権力によって恣意的な運用がなされることだ。犯罪をやろうと思っても最後の最後で踏みとどまることがある。それが計画だけで逮捕されるんだから、考えついたら即座に実行しないと損をするという変なことになってしまわないか。

世論調査を見ると、共謀罪に賛成する人がたくさんいる。「自分は一般人だ」「絶対にやましいことはしない」と思い込んでいるんだろう。安全が得られるなら監視された方がいいくらいの感覚じゃないか。共謀罪法案の内容を見ていないし、何も考えていない。基本的に日本人はお上に任せたい体質。わしはそんな国民にも腹を立てている。戦前だって政治家を無視する軍部を国民が支持した。その体質は何も変わっていない。「戦前回帰」「きな臭い時代」と誰かが声を上げると、バカにする風潮になっている。左翼が長いことそんな言い方をしてきたもんだから、もはや信用されなくなった。どんな言い回しで国民に警戒心を抱かせればいいか、すごく難しい時代になってしまった。

共謀罪によって言論人が萎縮しようとするまいと、そもそも安倍政権批判の本が売れなくなっているのが現実。書くことはできても商売にならない。今の安倍政権はもう独裁状態。共謀罪だけでなく、特定秘密保護法や安全保障法制などもあわせて考えると、やっぱり権力の思うがままの方向にどんどん向かっているんだと言わざるを得ない。

（2017年4月24日／聞き手・岩崎生之助）

平野啓一郎
Keiichiro Hirano ◉ 小説家

監視されるかも、気にする社会恐ろしい

ひらの・けいいちろう／京都大学在学中、デビュー作『日蝕』で芥川賞。『決壊』『ドーン』『空白を満たしなさい』『マチネの終わりに』など。

こんなことを言ったら警察に目を付けられるかも、といちいち気にする社会でいいのか。

何かが起きる前に、いかに予防するか。典型的な分野は医療だが、そんなリスク管理型の考え方に社会が移りつつあるなか、テロは未然に防ぐべきだとの意見に多くの人が同意するのは理解できる。ぼくも当然そう思う。しかし、予防はどこまで可能なのか？その方法も問題だ。

すでにあるテロ対策の法律ではなぜだめなのか、政府から十分な説明はない。テロ等準備罪の「等」も広範すぎる。マフィア等の国際経済犯罪を取り締まるパレルモ条約（国際組織犯罪防止条約）締結を立法の根拠としてしまったため、テロと無関係の内容が大半を占めている。捜査機関に膨大な権限を与え、国民を監視し、抑止する手法は、国民一人ひとりの自由を萎縮させる。

「法令違反をしないように」ではなく、「監視すべき人間と見なされないように」と、日常的に意識しなければならなくなる。目を付けられやすいのは、政府批判だろう。接触を持つだけで捜査、監視の対象になるのではと、関係を持つことさえためらう空気が生まれないか。

かつて「友達の友達はアルカイダ」と言った政治家がいた。フェイスブックなどのSNSが発達したいま、「友達の友達」は時にとんでもないところまでつながっていく。捜査側はここからが容疑者で、ここからが一般人だと、区別できるのか。犯罪を漠然としたリスクとして「予防」しようとすると、捜査機関の監視は歯止めがなくなる。誰にでも知られたくない秘密はあり、また世間の目もある。逮捕や家宅捜索だけでも、十分な抑圧効果があるだろう。

本には人と人とを結び付ける作用がある。小説を書く時はいろいろな人に取材するし、ぼくの本が、誰かの何かの原動力になることもある。それが政府批判的な運動かもしれない。読者とのコンタクトもある。本を書く限り、いつ自分が関わるかわからない点に懸念を感じる。「組織」としての出版界に、自主検閲が広がらないか、心配だ。

ギタリストの男性と通信社記者の女性との恋愛を描いた『マチネの終わりに』の執筆にあたり、ジャーナリストの故後藤健二さんに話を聞いた。

イスラム国に拘束された後藤さんは、取材の過程で様々な人たちに接触していた。「行くな」と言われても、人道や民主主義のために命がけで取材する姿があった。

民主主義を健全に機能させるには、少なくとも事実に基づき何かを判断していかなければいけない。政府に都合のいい発表だけが伝われば、戦中の日本のように道を大きく誤ることになる。取材活動の自由が保障されるかどうかも危惧している。

個人が自由に、生き生きと活動する社会こそが、望ましいと思っている。その時々の政府は、国民にとって、必ずしも常に望ましいものとは限らない。批判や反対は必要。そんな時、目を付けられるかもしれないといちいち感じないといけない社会は恐ろしい。非常に危険な法案で、強く反対している。

（2017年4月21日／聞き手・山本亮介）

周防正行

Masayuki Suo ◉映画監督

心の内、絶えず監視される社会に

すお・まさゆき／主な作品に『Shall we ダンス？』や痴漢冤罪事件を題材とした『それでもボクはやってない』など。

自由を奪われることで、社会は安全になるのだろうか

映画『それでもボクはやってない』（2007年）で刑事司法のあり方を世に問うた。一審の有罪を覆し二審で逆転無罪を勝ち取った痴漢事件を新聞で知り、刑事裁判に興味を抱いたことが作品を撮ったきっかけだ。当時は、なぜこんな冤罪《えんざい》が起きるのかと疑問だった。

10年には大阪地検特捜部の証拠改ざん事件が発覚した。後に厚生労働事務次官となる村木厚子さんが逮捕されたが無罪になり、大きな社会問題となった。その後、刑事司法制度の改革を議論するための国の会議の一員になった。

警察官や検察官、裁判官と話して感じたのは、法律とは怖いもので、解釈と運用により、どうにでも使われてしまう。今回の法案は解釈の幅が広い。事件が起きてからではなく、それよりも前の段階で処罰されるため、犯罪になるのかどうかの線引きは捜査機

関が判断する。政府は否定するだろうが、権力に都合の悪い運動や主張をする人を立件する武器を手に入れることになる。

時の政権に声を上げることがはばかられる社会になるだろう。表現をする立場には確実に影響が出る。例えば「反原発」や「基地問題」をテーマに、政府を批判する映画を準備するとどうなるのか。法案では「組織的犯罪集団」が捜査の対象とされる。撮影は監督を中心にスタッフが組織的に動く。「治安を乱すおそれがある」と、日常的に情報を集められるのではないか。

権力としては、新設する罪を使って有罪にしなくてもいい。「話を少し聞きたい」と任意の捜査をするだけで、萎縮効果は抜群だ。「私たちが何を考えているのか」を国家が絶えず監視する社会になる。密告や自白といった証拠に頼らざるをえず、冤罪は確実に増える。「映画監督としてどう思うか」の前に一人の人間として許せない法案だ。

政府は「一般人は対象ではない」とも言う。では、そもそも「一般人」とはどんな人か。誰でも罪を犯す可能性があるのだから、誰にも罪を犯したと疑われる可能性がある。

結局、全ての人が対象にならざるを得ないのだ。

警察は捜査の手段が増えた方がよいと考えるはずだ。権力側がその力を強くしようと動くのは宿命だ。その捜査機関に対しては裁判官がチェックするシステムだと政府は言う。だが、裁判官は人権を守る最後の砦《とりで》ではなく、国家権力を守る最後の砦と化している。

十数年前に「共謀罪」が議論された当時とは社会が変わった。世界でテロが多発し、東京五輪の開催を控える。「怪しい人は捕まえてほしい」と考え、社会がこの法案を許してしまうのではないかと心配している。自分には関係ないからと無関心でいれば、知らぬ間に自由が失われる。

運用が始まれば、捜査機関や裁判所による抑制やチェックに期待はできない。権力が新たな制度をつくろうとするときは、私たちが抑制をかけなければならない。民主主義の成熟度が問われているときだ。

（2017年4月19日／聞き手・金子元希）

溝口 敦

Atsushi Mizoguchi ◉ジャーナリスト

暴力団対処の論法が一般人にも

みぞぐち・あつし／出版社を経てフリーライター。暴力団、新興宗教などを取材。著書に『食肉の帝王』『山口組動乱!!』など。

犯罪組織に対する厳しい姿勢。
一般市民には無縁なのか――。

暴力団を長い間追ってきた私は、かつて出版物をめぐって脅迫を受け、何者かに脇背を刺されて重傷を負った。結局、犯人は逮捕されなかった。「共謀罪」法案が成立し、こうした組織的犯罪への規制が強まるのを歓迎する声もあるが、私はそうは思わない。

暴力団犯罪では、「○○をやれ」といった明確な指示がないことがよくある。それでも現場の人間は説明を求めず、上層部の意向を忖度《そんたく》し、実行する。だから犯罪計画への認識があいまいなことも少なくない。

2017年3月、組織犯罪処罰法違反（組織的な殺人未遂）などの罪に問われた指定暴力団工藤会（北九州市）の元組員に判決が出た。銃撃を実行した仲間をバイクで送迎したなどとして、懲役18年8カ月（控訴中）となった。元組員は「銃撃計画は知らなかった」と主張したが、裁判所は10年以上の組員歴などをもとに「計画を認識していた」

と認定した。

私は暴力団の味方ではないが、今回の元組員への判決は単なる運転手役という役割に比べて重すぎると思う。通常なら最高でも5年だろう。組織に所属していたことを理由に途方もない長期刑を科される。共謀罪の先取りと言うほかない。警察や裁判所が暴力団にいくら厳しく対処しても、国民から不満が出ることはない。彼らが社会に与えてきた影響が深刻だからだろう。

政府は法案をテロ対策としているが、肝心のテロの定義すらあいまいだ。ある日突然、一般の団体が「組織的犯罪集団」とされる可能性もある。これまで「暴力団だから」と見過ごされていた論理・論法が、一般人にも広く使われるようになるかもしれない。犯罪を計画段階で取り締まる共謀罪では、客観的な証拠が乏しくなる。内心を恣《し》意《い》的に推し量って捜査したり、裁判所がそれを追認したりすることになりかねない。

テロや重大犯罪の脅威が高まっているのは事実だ。だが、問題点が多い共謀罪を創設するのではなく、防犯カメラやGPS（全地球測位システム）などを適切に活用して捜査を強化していくべきだ。千葉で起きたベトナム国籍の女児殺害事件でも、カメラの映像が容疑者の特定につながったとされている。プライバシー侵害に抵抗がある人もいるが、地域の絆が薄れて情報収集が難しくなるなか、積極的な機器の活用も必要だ。

「共謀罪」法案をめぐる国会論議では、矛盾が露呈している。法務相が「一般人は対象にならない」と説明したのに、別の人が「対象にならないことはない」という趣旨の発言をした。楽観的なとらえ方をせず、「対象になる」と考えるのが知恵ある国民の態度ではないだろうか。

そもそも、内心の自由を奪いかねない法律をつくろうという考えが信じられない。国民の反発がそれほど強くないのは、他人事だと思っているからだろう。一般人が警官におびえるような状況がいいのか。安倍政権の支持率が落ちないのはふがいない野党と比較した「消去法」のためだろう。共謀罪についても同じような土壌、国民の気分が支えているように思えてならない。

（2017年5月17日／聞き手・岩崎生之助）

荻上チキ
Chiki Ogiue ◉ 評論家

監視社会と堂々と示して審議を

おぎうえ・ちき／言論サイト「シノドス」編集長。TBSラジオ「Session-22」でパーソナリティーを務める。

政府は「監視権限を委ねることに賛成ですか」と、正直に国民に問うべきだ。

現在国会で審議されている「共謀罪」法案（組織的犯罪処罰法改正案）を、政府は「替え玉受験」みたいな手口で通そうとしています。前回廃案となった段階までに、対象となる犯罪はある程度しぼられており、現在の案はそれより後退しています。

そのうえ、「テロ等準備罪」と名前を変え、東京五輪やラグビーワールドカップのために必要だ、と後付けの理由がどんどん増えています。テロ対策と言えば、多くの国民は仕方ないと判断するかもしれませんが、元の共謀罪と変わらない。まさに替え玉立法と言うべきです。

金田勝年法相（当時）が予算委員会で法律の立法事実（法律が必要な理由）を説明できなかったことも大問題です。まるで「何のために公園を作るか」と聞かれているのに、「公園の案ができてから」とか、「実際に工事が始まってから説明する」と言っているようなものです。

　僕がパーソナリティーを務めるラジオ番組では、国会答弁の音声をたくさん使います。実際に国会の議論を聞いたことがない人も多いので、「実際に聞くとひどいでしょ」と。言いよどんでいますよね、とか、早口になって焦っていますよね、とか。声は雄弁なので、その日の音声はその日のうちに紹介しています。

　酒と食事を持参していたら花見だけど、双眼鏡や地図を持ち歩いていたら、準備行為だと外形上判断できるという、とんでもない答弁もありました。

　政府は下見などの準備行為をしなければ、処罰対象にならないと説明していますが、花見が下見なのかどうかは外形上は判断できないはずです。だからこそ、その前の段階でどのようなことを話しているのか、事前に把握していないといけません。そうなると、監視対象には一般人も含まれます。

　一般の団体が対象にならないという議論も同じです。組織的な犯罪をする団体である、という証拠はどのように得るのか。会社のホームページに「テロをやります」と掲載することはあり得ません。組織犯罪を目的としているということを外形上判断することは難しい。普段から「ああいったことをやろうね」というコミュニケーションが行われているから、組織犯罪を目的にしている集団だということがわかるわけです。

政府は「テロ対策」と言わず、正直に「監視をすることでより幅広く犯罪を取り締まります。そのために監視権限を捜査機関にもっと委ねてください。それに賛成か反対か」と問えばいいと思います。ただ、監視権限が乱用されないように、誰が監視の対象になったのかを事後的に開示請求したり、監視機構を設けたりするなど歯止めをかけるための議論が不可欠です。

政権は代わっても法律は残ります。捜査には冤罪《えんざい》もつきものです。その後の政権がどのように法律を使うのか、社会の在り方にも踏み込んだ話をして、初めて丁寧な議論をしたと言えると思います。金田大臣の答弁は不明確で、明らかに議論が不十分。通すことありきで中身がお粗末です。少しはかみ合った議論をしてほしいと思います。

（2017年5月16日／聞き手・小林孝也）

青木 理

Osamu Aoki ◉ジャーナリスト

自由が死滅する。それでいいのか

あおき・おさむ／共同通信記者を経てフリーに。公安警察の取材が長く、著書に『日本の公安警察』『ルポ国家権力』など。

政治や社会の矛盾に声を上げる人が疑われる社会は健全か。

公安警察を長く取材してきた。警察官の立場から「共謀罪」を見てみよう。

「共謀罪ができればテロを防止できる」と政府が言う。真面目な警察官であれば何を考えるか。犯罪が起きる前だから、供述が立証の柱になる。それだけに頼っては冤罪《えんざい》だらけになる。もっと物証が欲しい。

「通信傍受を縦横無尽に使いたい。司法取引も」と考えるだろう。テロリストが重要な話し合いをメールや電話だけで済ませるとは思えない。アジトなどの室内を盗聴する「密室盗聴」もさせてほしいとなる。真面目に捜査しようと思えば思うほど、「もっと武器をください」となる。

日常的に、捜査当局が「こいつは罪を犯す可能性がある」と見なす個人や団体を監視しなければならなくなる。事前に取り締まろうとすれば、そうせざるを得ないからだ。

本来は「一般市民が対象になるから危険だ」という議論はしたくない。「普通の人」だろうが、そうでない人だろうが、罪を犯してもいない段階で取り締まるということ自体が異常だからだ。お上にまったく盾突かない、政権に無害無臭な人は対象にならないかもしれない。しかし、社会に異議申し立てする人が片端から捜査対象になる社会は、断じていい社会ではない。

2010年に、警視庁公安部の内部資料と見られる情報がインターネット上に流出した。国内に住むイスラム教徒が捜査対象になっていた。イスラム教徒というだけであらゆる情報が吸い上げられていた。

警察がモスク前で24時間態勢で監視し、出入りする人を片端から尾行。電話番号や銀行口座記録から接触した人や家族の交友関係まで調査していた。そのような手法を、ある公安警察幹部は「点が線になり、線が面になる」と説明してくれた。

治安組織とは古今東西、社会体制の左右問わずそういうものだ。アメリカの国家安全保障局（NSA）は、わずか10年で世界中の電話や通信を盗聴するような化け物に育ってしまった。警察は全国津々浦々に30万人の人員を配置し最強の情報力を持った強大な実力組織だ。仮に秘密法や共謀罪のような武器を与えるなら、何かあったときに暴走しない仕組みをきちんと作るのが政治の役目だ。警察という実力装置の怖さに政治が無自覚であるということは、政治の劣化だ。

共謀罪を導入しても、テロが起きる可能性はある。そのときが怖い。社会がファナチック（狂信的）になり、メディアや社会も一緒になって「もっと捕まえろ」「もっと取り締まれ」と暴走するのではないか。オウム事件を取材していた時を思い出す。警察はあらゆる法令を駆使して信者を根こそぎ捕まえた。当時、幹部が「非常時だから、国民の皆様も納得してくれる」と話していた。

公安警察的な捜査対象が際限なく広がる。誰だって安心して暮らしたいが、日本人1億数千万人を24時間徹底的に監視すればいいのか。安全安心を究極的に追い求めれば、自由やプライバシーは死滅する。果たしてそれでいいのだろうか。

（2017年5月15日／聞き手・後藤遼太）

宮嶋茂樹

Shigeki Miyajima◉カメラマン

不肖・宮嶋「共謀罪」を語る

みやじま・しげき／日大芸術学部客員教授。自衛隊の海外派遣を取材。主な作品に『国防男子』『サマワのいちばん暑い日』など。

「社会が萎縮する」そんな各界の訴えに、真っ向から異を唱える。

わしは「共謀罪」法案に賛成する。世界情勢を見れば、テロ対策の強化が必要なことは明らか。捜査機関による監視が強まるという批判もあるが、政府は「一般市民は対象にならない」と説明している。そう簡単にふつうの市民を逮捕できるわけがない。

むしろ共謀罪は、市民が犯罪者を拒む理由になるんじゃないか。「あなたとは会うだけで共謀罪に問われそうだから」と。もちろんテロリストや暴力団などの組織的犯罪集団と関係があるような人は一般市民とは言えない。

若い頃、大物右翼の赤尾敏氏（故人）を撮影した写真展を開いた。最初に会場に来たお客さんが「よう、宮嶋君。いい写真だね」と言う。公安刑事だった。身辺を洗われていると感じたが、別に悪いことはしていない。不肖・宮嶋、女の好みとか警察に知られたくない秘密はある。だけど、少しくらい監視されたって枕を高くして眠る方がいい。

多くのジャーナリストや作家たちが「言論・表現の自由が萎縮する」と反対している。反権力を叫ぶと確かにかっこいい。だが、世論調査を見ると、賛否は割れている。安全への脅威が高まるなか、彼らの訴えは市民の心に響かなくなっているのではないか。

2004年、海上自衛隊の輸送艦に同乗して中東へ取材に向かった。途中、ペルシャ湾で正体不明のボートが接近してきた。警笛を鳴らしても止まらない。爆弾を積んだボートが米艦に突っ込んで死傷者が出たテロが頭をよぎった。結局何事もなく通り過ぎたが、艦内には緊張が走った。

日本人は、テロや他国からの攻撃に対する危機感が薄い。2017年4月、北朝鮮のミサイル発射で一部の地下鉄が運転を見合わせた。「過剰反応だ」という声もあったが、止める判断は正しかったと思う。災害時の避難指示なら「空振り」でも文句が出ないのに、ミサイルやテロだとやり過ぎと言われる。国民に「どうせ起きるわけない」という思い込みがある。

これからも安全な日本社会を守っていきたい。共謀罪でテロを全て防げるとは思えないが、計画の実行前に取り締まれるようになる意味は大きい。これまで過激派が起こした事件の中には、準備段階で検挙すれば防げたかもしれないと思えるケースもある。

もちろん権力は監視しなければならない。わしも時に大臣や議員を追っかけ回して取材し、厳しく批判している。警察だって組織防衛に走ることがあり、妄信するつもりもない。だが、治安維持法を引き合いにした「警察が暴走する」といった批判には、「おいおい今は戦前とは違うだろう」と言いたい。

カメラマンとしての経験から、表現や言論の自由の尊さは十分理解している。それでも、共謀罪を危険視するだけの反対論には同意できない。テロ防止のために必要な法案は早く成立させるべきだ。


（2017年5月14日／聞き手・岩崎生之助）

江川紹子

Shoko Egawa ◉ジャーナリスト

思考停止の雰囲気。それでいいのか

えがわ・しょうこ／神奈川新聞記者を経てフリー。坂本堤弁護士一家殺害事件を機にオウム真理教問題に取り組む。「検察の在り方検討会議」委員も務めた。

オウム真理教の暴走は共謀罪では防げなかった。

共謀罪の適用対象とされる「組織的犯罪集団」について、安倍首相は地下鉄サリン事件（1995年）を起こしたオウム真理教を例に、「当初は宗教法人として認められた団体だったが、犯罪集団に一変した」と説明した。

最近、「共謀罪があれば、地下鉄サリン事件は防げた」という声を耳にするが、それは間違いだ。教団の関与が疑われる事件は数年前から各地で起きていた。既遂事件がいくつもあったのに、それらを真摯《しんし》に捜査しなかった警察の姿勢こそが問題だった。

89年の坂本堤弁護士一家殺害事件も、当時の警察幹部は「失踪」との見立てにこだわった。家族が警察に届けた時点では実行犯は車で移動中だった。ここで着手できていたらと思うと、今も無念でならない。

94年の松本サリン事件の後、教団幹部らに私の自宅室内に毒ガスを噴出され、命を狙われた。当時、宮崎県の旅館経営者の拉致事件に教団が関与したとの記事を週刊誌に書いていた。直後にガスが吹き込まれた現場を保存したのに、警察は鑑識活動をしてくれなかった。今も一連の捜査の失敗が教訓として生かされているのか疑問だ。

たしかにテロ対策は必要だ。ただ、共謀罪がなぜテロを未然に封じるのに有効か、政府の説明が不十分だ。政府が確信しているなら、こんな場合に、こう役立つと説明すべきなのに、聞こえてくるのは、「一般人に影響はない」という話ばかり。

法務委員会で民進党議員の「オウム真理教の信者の多くは、教団がサリンで人を殺傷しようとしていたことは知らなかった」との質問に、法務省は「目的を共有していなければ、組織的犯罪集団の構成員ではない」と説明していた。となると、信者の多くは対象から外れてしまう。「オウム真理教の信者＝組織的犯罪集団の構成員」ではない、という説明には驚いた。信者が目的を共有しているかどうか、どうやって見分けるのか。

問題点は他にもある。目的を共有していたかどうかは内心の問題。どう見極めるのか。身柄を拘束し、無理な取り調べで自白を強いるしかないのではないか。現時点で取り調べの可視化が義務づけられていないのもおかしい。

テロ対策なら、司法取引の方がまだ効果的ではないか。坂本弁護士事件では、実行犯の1人が組織を離脱し、警察に遺体の場所を記した地図を送り付けてきた。刑罰が確実に減免されれば、彼は自供し、その後の事件は防げたように思う。ただ司法取引には、実際は犯罪に関係のない第三者の関与を容疑者が供述し、無実の人が起訴されるという「引き込み型」の冤罪《えんざい》を生む危険性がある。慎重な運用が必要なのは言うまでもない。

街のあちこちに監視カメラが取り付けられ、メールやSNSで個人情報を頻繁にやりとりする時代。監視そのものに抵抗がない人が増えたのかもしれない。政府や、グーグルなどの情報のプラットフォームからの情報収集には慣れてしまっている。

「テロ対策」は一種の「思考停止ワード」。それに「五輪」が加わって、「ちょっとくらい問題があっても、仕方ないいんじゃない」と、みんながあきらめてしまっている雰囲気を感じる。政府はそんなワードをてんこ盛りにして、国民に考えることをやめさせようとしている。本当にそれでいいのだろうか。　（2017年5月13日／聞き手・山本亮介）

田原総一朗

Soichiro Tahara ◉ジャーナリスト

自民党内に議論なし 一番怖い

たはら・そういちろう／東京12チャンネル（現テレビ東京）などを経てフリーに。司会を務めるテレビ朝日系の討論番組「朝まで生テレビ！」は2017年４月で放送30年を迎えた。

戦争を知る最後の世代。
表現の自由を命がけで守る。

安倍晋三首相は共謀罪について「一般人には全く関係ない」と強調するが、同じ言いぶりで始まったのが、治安維持法だった。

当初は、国体を変革する共産主義者が取り締まりの対象とされたが、その後、政府の政策を批判する人、特に第2次大戦が始まってからは、戦争にいささかでも批判的なら、警察は容赦なく逮捕した。父の知人も戦争を批判して逮捕され、数人が牢獄で亡くなった。深刻な表情で「恐ろしい」と言った父の顔が今でも忘れられない。

小学5年の夏休みに玉音放送を聞いた。1学期と2学期で先生も新聞もラジオも言うことが全て変わった。これが僕の原点。偉い大人たちがもっともらしい口調で言うことはあまり信用しちゃいけないな、と。ちゃんと自分で確かめないといけないと思うようになった。

テロを起こす人間は、一般人に紛れ込んでいる。本気でテロリストを見つけるには、一般人のプライバシーにある程度、手を突っ込まざるをえないはずだ。どれだけプライバシーを損ねる可能性があるのか、その点について全く説明がない。法務大臣の答弁を聞いていると、政府は本気でこの法律を通したいのか、疑問すら感じる。

一番怖いのは、自民党内に全く議論がないこと。僕らの若い頃は、党内の主流派と反主流派、非主流派による意見のぶつかり合いこそが魅力だった。それが第2次安倍政権の誕生で消えたように映る。番組に出演した与党議員も、番組前なら政策に批判的な意見を口にするが、表だっては決して発言できないという。みなが安倍首相のイエスマンになっている。

安倍首相の運がいいな、と思うのは、北朝鮮情勢が緊迫していること。テロ等準備罪という名前も成功している。海上自衛隊の護衛艦が安全保障関連法に基づいて米艦防護をした時も、反対の世論が高まらなかった。

共謀罪ができれば、報道の現場にも萎縮が広がるだろう。第2次安倍政権後、その空気はすでに広がっていて、有志で共謀罪に対する反対声明を出す際も、事前に声をかけたジャーナリストの多くに「中立の立場を保たないといけないから」と断られた。

僕からすると、中立なんてありえない。成田空港用地をめぐる三里塚闘争を取材した時、最初は農民の後ろから取材した。そのうち、そこでは危険になって、警察の後ろから取材するようになった。そうすると、農民の横の武装した活動家の姿がテレビに映し出される。だんだんと世論が農民側から離れていくのを感じた。どこから見るかで事実は変わる。その怖さを、何度も体験している。

ジャーナリズムの存在意義は波風を立てることだと思っている。いまはその逆。だから、今こそ言論の自由を体をはって守る時。安倍首相にはこう問いたい。「共謀罪はどこまで国民のプライバシーに入り込むのか」、「自民党の誰もがあなたのたいこ持ちになっている。危険ではないのか」と。

（2017年5月12日／聞き手・山本亮介）

池内 了

Satoru Ikeuchi ◉ 宇宙物理学者

科学者の思想、裁かれた歴史も

いけうち・さとる／1944年生まれ。名古屋大学名誉教授で専門は宇宙物理学、科学社会論。科学者らでつくる「軍学共同反対連絡会」の共同代表を務める。

社会問題について意見する科学者が監視されるのではないか。

私も委員を務めている、作家や科学者らでつくる「世界平和アピール七人委員会」は、2017年4月に「共謀罪」法案に反対する声明を発表した。捜査機関が嫌疑があると判断すれば、任意捜査ができることを危惧している。市民への監視が強まる。

憲法19条で思想、良心の自由を侵してはならないとされているが、法案が成立すれば拡大解釈で内面に介入され、政府批判をしただけで捜査対象になるのではないかと心配だ。反政府デモの計画に合意し、準備行為をした段階で罪になりかねないからだ。

科学者の歴史を振り返ると思想が裁かれたことがある。原爆開発のマンハッタン計画の責任者だったロバート・オッペンハイマーだ。1950年代、アメリカでは共産主義者を追放していた。彼も共産主義を信奉していたと疑われ、国家機密に接する権利を剥《はく》奪《だつ》された。米国で英雄とされた科学者も国の政策が変わると、思想が摘発された。

現在の日本ではオッペンハイマーのように思想が罪になることはない。ただ、「共謀罪」が成立すると、思想そのものが監視の対象になる。心の中を問われるため、反原発など社会問題について、政府の方針に科学的観点から反対することが抑圧される可能性がある。

日本の安全保障に必要だとして、政府は大学などの研究機関が軍事研究をする「軍学共同」を進めようとしている。戦前の科学者たちは国のためと信じて倫理の道を踏み外した。その反省から軍学共同反対運動をしているが、法案が成立すれば、安全保障を名目として、軍学共同に反対する者は監視の対象になることも考えられる。そうなると、研究費確保のため科学者はますます発言を控えるようになるだろう。

「共謀罪」成立後も、政策に反対してもすぐには罪に問われることはないとは思う。「心配しすぎだ」と言われるが、戦前の治安維持法も時間とともに拡大解釈された。「共謀罪」でもそうした流れが予想される。「一般人は対象にならない」と政治家は言うが信用できない。これから3年、5年、10年経ったときに別の政権が言うことは違う。今の政治家が言うことだけを信じると間違えると思う。

（2017年6月10日／聞き手・小林孝也）

尾木直樹

Naoki Ogi ◉ 教育評論家

時間切れの多数決、やっちゃいけない

おぎ・なおき／東京都内の私立高や公立中で22年間教壇に立ち、法政大教授（臨床教育学）を経て、現在は同大特任教授。著書に『取り残される日本の教育』など。

こんな議論を国会で続けていたら、大人として恥ずかしいですよ。

国会審議を見ていても、与野党の主張が平行線のまま。これじゃ、国民の理解は深まりません。わたしもその一人です。

東京五輪・パラリンピックを無事に開催するにはテロ対策は重要。だからテロ防止に有効な国際条約に加盟するため、法整備が必要なんだ——。与党の説明はここまで、とってもわかりやすかったわ。

ところが、条約を締結するための指針をつくった米大学教授本人が〝条約の目的はテロ対策ではない〟と明言したことが報道され、矛盾が露呈したの。野党が国会でこの点を突いても、与党は同じ説明を繰り返すだけ。正しい選択との確信があるのなら、「それでも我が国には、こんなメリットがある」などと納得のいく理由を示してほしかった。

十人十色という言葉があるように、様々に異なる意見があるのは当たり前。大事なのは、自分と異なる意見にも耳を傾け、相手の立場になって受け止めること。それから、共通する大きな目的を達成するため、話し合うことです。

生徒指導に長く関わった経験から言うと、ここで一番やっちゃいけないのは、時間切れの末の多数決なの。結論への納得感がないと、必ずトラブルが起きましたから。

議論を戦わせて、両者が一番納得できる考えや、新たに生まれた第三の道を見いだすことができるまで、継続審議にすべきです。国民的理解が得られないうちは慌てないのが、民主主義の原則ではないでしょうか。

国会でのやりとりを見ていると大人として恥ずかしくて、子どもたちに謝りたい気分です。

2016年、18歳選挙権が導入され、本格化した主権者教育への影響も心配。子どもたちが興味を持って足を運ぼうとしている集会の主催団体が、実は捜査の対象になるかもしれないとわかったら、その時点で教師としては止めざるを得ません。

軽々に動いちゃだめよ、と言い続ければ、子どもたちの政治への関心にどんどんブレーキをかけることにもなる。

学校は民主主義のトレーニング場と言われます。「共謀罪」をめぐる議論って、本当はとってもいい学習素材になるはずなんだけど。

（2017年6月9日／聞き手・山本亮介）

小澤俊夫

Toshio Ozawa ◉ 文学者

表現、文化にとっては致命的

おざわ・としお／筑波大名誉教授で、専門はドイツ文学。口承文芸学者としても知られ、昔話研究の第一人者。弟は世界的指揮者の小澤征爾さん、息子はミュージシャンの小沢健二さん。

「空気を読む」日本人と「共謀罪」が合わさると、とても怖い。

小学生だったころ中国にいた。当時は日中戦争の最中。小学校の同級生たちと陸軍病院を慰問すると、兵隊さんが喜んで「行軍中、道沿いの女子どもはスパイだから皆殺しだ」「捕虜を機銃掃射した」と手柄話をする。子供心に「人殺しじゃないか」と思ったけど、とても口に出せない。戦争に否定的なことを言おうものなら、どんな目に遭うか分からない。「治安維持法は恐ろしい」と染みついていた。

ところが、北京で評論雑誌を出していた父・小沢開作は「日本は中国民衆を敵に回した。戦争には勝てない」と明言して軍部を激しく批判するものだから、思想憲兵がいつも家で見張っていた。私は憲兵に指示された父の言いつけで、雑誌の墨塗りを手伝わされましたよ。

帰国後も、婦人会が竹やり訓練でB29に対抗しようとするのを「馬鹿か」と笑って、所轄の特高課長が毎日家で監視。それでもなぜか無事だった。いつか捕まると覚悟はしていたんだけど。戦後、父の訃報《ふほう》を新聞で読んだ特高課長から「真の愛国者だと確信していました」と手紙がきた。捕まらなかったのは奇跡的だった。この人が、上に父のことを報告せずにいてくれたのかもしれない。

「共謀罪」が怖いのは、何が犯罪かを、捜査当局の末端が決めてしまうこと。治安維持法と同じだ。父はたまたま無事だったが、父の雑誌編集部員には拷問された人もいましたから。行き過ぎれば戦時中と同様に、密告社会になるだろう。

密告社会で真っ先に標的になるのが不道徳、不健全、猥雑《わいざつ》なものだ。政府に逆らいそうな者、不届き者、「空気を読まない者」に疑いの目が向かう。戦中の日本もナチスドイツもそうだった。ヒトラーは「不健全」「退廃的」と見た芸術を排除した。表現の自由や豊かな文化にとっては致命的だ。

口承の昔話を研究すると、権力批判や金持ちを出し抜くストーリー、悪知恵や色話は世界共通。人間の本当の姿だからだ。口承文学の基本は「弱い者が最後は勝つ」「大逆転」。興味深いことに、思想統制が厳しい国でフィールドワークをすると、昔話が政府の都合のいいように改変されていたりする。これは文化にとって大変な不幸だ。みなが治安維持法におびえ、「壁に耳あり障子に目あり」がはやり言葉の戦時下で、果たして今のように豊かな昔話を自由に研究できたか。恐らく、真っ先に「非国民」だとやり玉に挙がっていただろう。

表現の自由が無くなり多様な言論が無くなると、あのときのように国全体が狂気に包まれる。兵隊の残虐な自慢に衝撃を受けた私も、敗戦まではすっかり軍国少年に染まっていた。当時の自分の日記を読み返すと、ドイツが降伏した時に「神はヒトラーを見放したのか」なんて嘆いている。恐ろしいね。教育は子どもをいとも簡単に独裁国家へとさらっていってしまう。

（2017年6月8日／聞き手・後藤遼太）

亀石倫子

Michiko Kameishi ◉ 弁護士

恣意的な運用は日常茶飯事

かめいし・みちこ／1974年生まれ。通信会社勤務を経て2009年に弁護士登録。刑事事件を専門に扱う「大阪パブリック法律事務所」で約200件の事件を弁護し、16年に独立して「法律事務所エクラうめだ」を開業した。エクラはフランス語で「輝き」。

警察庁が各警察本部にGPSの運用マニュアルを出したのは11年前。これまで多くの弁護人が見過ごしてきたであろう捜査手法に正面から異議を唱えたのが亀石弁護士だった。

「共謀罪」が萎縮を生み、こうした「異論」がなくなれば、時の権力は思い通りにできる。人びとが自由に議論を交わし、成熟した社会を形作ることの妨げにもなるだろう。

捜査権限の拡大に
歯止めは効くのか。

――法案をどうみるか。

犯罪が行われる前の段階を処罰するものだから、その動きを証拠化するには当然に監視が必要になります。警察は集会にスパイを潜入させて録音させるかもしれないし、密室での会話を盗聴するかもしれない。行動を把握するためにGPS（全地球測位システム）を使うかもしれません。

そんな監視社会に突き進んではいけないと思い、GPS裁判の最高裁では「子孫が振り返ったときに感謝してくれるような判断を」と訴えた。判決は「住居に準ずる私的領域」への侵入もプライバシーの侵害で、令状が必要だと、一定の歯止めをかけてくれました。

でも国会答弁を見ると、政府はこの判決などなかったかのように、「準備行為」の前でも犯罪の嫌疑があれば令状のいらない一定の任意捜査ができると説明している。できるだけ令状なしで監視したいという考え方は変わっておらず、司法が軽んじられていると感じます。

――政府は具体的な準備行為がなければ強制捜査はできず、乱用の心配はないとも説明しています。

準備段階の行為を把握しようとする以上、そのターゲットを決める時点で恣意《しい》が働かざるを得ない。それに恣意的な運用なんて私の経験上、日常茶飯事です。

例えば最近では、ダンスクラブの経営者が「風俗営業の許可がない」といって逮捕された事件がありました（無罪確定）。社会に浸透していたはずのタトゥーの彫り師が「医師免許がないから医師法違反だ」として、いきなり摘発された事件もあります（公判中）。警察のさじ加減で、ある日突然、普通の市民が容疑者にされる。そんなことは、刑事弁護の現場にいればいくらでもあります。

――そうした懸念があっても、世論調査で賛成する人が多いのはなぜでしょう。

「自分たちは犯罪とは関係ない」と思い込み、捜査機関はいつも正しいことをすると信じている人が多いのでしょう。治安だ、テロ防止だと言われれば、それならやってくれと簡単に考えてしまう。でも私が接したクラブの経営者もタトゥーの彫り師も、善良な「普通」の市民です。捜査の暴走を知っている身としては、世の中の反応にものすごいギャップを感じます。

――共謀罪の捜査が当たり前になれば、市民生活にどんな影響があると。

「目立ったことをすれば監視される」と考えさせるだけで、萎縮効果は抜群。権力に異議を唱える声は少なくなるでしょうね。タトゥーの裁判でさえ、「応援したいけど、警察に目を付けられるのは困る」という人がたくさんいます。

つい先日、出演するテレビ番組の打ち合わせで男性プロデューサーが発した質問が印象的でした。「法案が通ったら、私たち一般市民はどんなことに気を付ければいいんでしょうか」と。思わず「気を付けなくていい！」と返しました。

私たちには憲法で保障された集会の自由や表現の自由がある。それは法律よりも保障されなければならない。もし自由にやって摘発されるようなことがあれば、その時こそ私たち刑事弁護人や心ある裁判官たちの出番です。みんなが「気を付けて」暮らす社会なんて、私は絶対に嫌です。

（2017年5月7日／聞き手・阿部峻介）

「共謀罪」法案に反対し、国会議事堂近くで反対の声を上げる人たち（2017年5月19日）。

杉浦正健

Seiken Sugiura ◉元法相・弁護士

当時は通すつもりなかった

すぎうら・せいけん／弁護士。元自民党衆院議員。2005～06年の11カ月間、小泉内閣で法相を務め、06年通常国会で「共謀罪」の創設を含む法案の国会審議に当たった。就任時に「死刑執行命令書にサインしない」と発言。撤回したが、在任中の死刑執行はなかった。

3度の廃案を経た「共謀罪」法案
なぜ成立しなかったのか。

——「共謀罪」を創設する法案は3度の廃案を繰り返し、2000年代から足かけ10年以上にわたって審議された。なぜ、ここまで時間がかかったか。

日本政府が00年に国際組織犯罪防止条約に署名し、外務省が「加盟するには共謀罪の創設が必要だから」と主張しているのを聞いた時は、「なにを言っているんだ」と思いましたね。

日本には共謀共同正犯の判例理論が確立していて、幅広く共犯を処罰できる。創設せずに対応できるとして「留保」を付けて加入する選択肢もあっただろうと。対象犯罪が600以上というのも「多すぎる」というのが、当時の素朴な感覚でした。

——とはいえ、当時の国会審議や会見では、法案に理解を求める発言をした。

政府提出法案だから、大臣として必要な答弁はしたが、正直、本気で通すつもりはなかったですね。

――法務大臣を務めていた06年通常国会では、衆院法務委員会で採決寸前まで行った。

その時も、成立まで行き着く状況にはなかった。当時は野党だけでなく、公明党や自民党にも法律家の議員を中心に慎重論が根強く、尊重するべき意見も多く出ていた。

刑罰法規を新しくつくる時には、立法府は抑制的であるべきだと思うし、実際にそうだったのでしょう。

――今回の「共謀罪」法案についてはどう考えるか。

当時から国際的なテロや薬物犯罪などは世界的な課題で、国際協力や情報共有の態勢を整える必要性はよく理解できた。

テロは着手されたらおしまいだ。共謀はもとより、何らかの準備行為があっても、従来の「予備罪」は成立しない。そんな「すれすれ」の部分に絞り、何らかの立法化を図る必要はあると考えていました。

それが、「共謀罪」が議論になってからのこの十数年の経過に表れているのではないでしょうか。

――今国会（第193回）で法案が再び提出された時はどのように感じましたか。

「その時が来たか」と思いましたね。処罰対象を「組織的犯罪集団」に絞り、犯行現場の下見などの具体的な「準備行為」を要件に加えた。東京五輪が迫る中で、国際協力という観点を考えても、「これならいいんじゃないか」という内容だろうと。

――「組織的犯罪集団」や「準備行為」の定義はあいまいで、拡大解釈される恐れがある、などの懸念が指摘されている。

刑事法制を変えるのだから、懸念が出るのは当然でしょう。「準備行為の定義があいまいだ」として様々な議論が出ているのも、必要なプロセスだ。国会で具体的な事例を一つひとつ挙げて、質問と答弁を積み重ねることでクリアにしていく。それが立法府のつとめだと思います。徹底した国会審議を望んでいます。

杉浦氏は今回の法案は一定の評価をし、拡大解釈などの懸念は「国会審議で事例を積み重ねてクリアにしていける」との立場だ。だが、果たしていまの立法府にその役割は期待できるのか。杉浦氏は「現役でないので」と発言を控えた。

また、本書再録に際して改めて連絡を取ったところ、「法案を拙速に採決したのは本当に残念だった。参院で審議を尽くすべきだった」との追記があった。

（2017年5月6日／聞き手・市川美亜子）

2017年6月15日、参院本会議で、犯罪を計画段階で処罰する「共謀罪」の趣旨を盛り込んだ改正組織的犯罪処罰法が可決、成立した。

荻野富士夫

Fujio Ogino ◉小樽商科大学特任教授

治安維持法と危険性共通

おぎの・ふじお／小樽商科大教授を経て2016年から同大特任教授（歴史学）。専門は日本近現代史。著書に『特高警察』など、治安維持法の研究で知られる。

「治安維持法が猛威を振るった戦前戦中と今は断絶している」それは楽観に過ぎます。

都議選の最終日、安倍晋三首相は秋葉原の街頭演説で、自身をヤジる群衆を指さして「こんな人たち」と激高しました。法を運用する立場の人がこんな発想なのです。捜査当局の「市民運動や政府に抗議するやからは一般人でない」という発想につながるのではないでしょうか。

「共謀罪」と戦前戦中の治安維持法を並べると「当時と今は違う」と反論されます。果たしてそうか。漠然とした法文が、拡大解釈の源泉となる。そんな運用上の危険性は、両者に共通していると思います。

「希代の悪法」と記憶される治安維持法ですが、成立した瞬間からその効力を発揮したわけではありません。実は、国内では成立後2年ほどは抑制的な運用でした。

1925年の成立時は、「国体」（天皇を中心とした国のあり方）の変革や私有財産制の否認が目的の結社を禁じました。若槻礼次郎内相は「国体変革の目的がはっきりした共産党員を処罰する」と、対象が限定されていることを強調していました。

転機は3年後。28年の「3・15事件」で共産党員が一斉検挙され「大陰謀事件」と扇情的に報道されると、それを足がかりとして法改正が行われ、「目的遂行罪」が加わりました。結社に参加せずとも、ある行為が「結果的に国体変革に資する」と捜査当局に判断されれば取り締まり対象になります。当初若槻内相が言っていた「主体の限定」は、早くもかなぐり捨てられた。

当局は目的遂行罪を使って拡大解釈を繰り返し、無理な取り締まりをする。それを裁判所が追認し、判例で根拠づけるというループ。こうして、治安維持法の拡大解釈は30年代後半に野放図に広がりました。

そして41年の改正を迎えます。国体変革結社を「支援する結社」、それを「準備する結社」など、当初の限定の外側に何重も処罰の層が広がり、誰でも弾圧できるようになった。7条しかなかった条文は、65条ほどにふくれあがりました。

治安維持法の成立時は市民や新聞も反対していたんです。ところが、改正の際には反対運動は広がらず、41年に治安維持法は「完成」してしまう。

同じことは「共謀罪」でも言えないでしょうか。政府は最初は慎重に運用するかもしれない。人々から反対運動の記憶が薄れたころに何らかの「事件」が起きて、当局発表に輪をかけるようなセンセーショナルな報道がメディアによってなされる。人々は衝撃を受け、その衝撃を利用してより広範な取り締まりが可能な法改正がされる可能性は十分にある。

これからが大事。市民は萎縮してはいけないし、市民運動は「決してテロ行為ではない」と自信を持って淡々と展開すべきです。メディアも当局発表を面白おかしく脚色するのではなく、そうした誘惑に耐えて検証していく姿勢を忘れてはいけません。

（2017年7月13日／聞き手・後藤遼太）

パトリック・ハーラン

Patrick Harlan◉タレント

乱用されぬ仕組みづくりを

Patrick Harlan／米・コロラド州出身。ハーバード大比較宗教学部卒。お笑いコンビ「パックンマックン」のパックンとして活動。

テロ対策と言えば、多少の無理も通る。
日米に共通している点です。

アメリカの共謀罪は古くから連邦法に規定され、社会に定着しています。特に麻薬の密売や、使い捨て携帯電話を使った詐欺グループの検挙などに使われることが多い。犯罪を計画段階で取り締まる共謀罪がある国は他にもたくさんあります。

僕は「共謀罪」法が日本にあってもいいと思っています。国際組織犯罪防止条約を締結し、人身売買やマネーロンダリングの摘発を強化するべきです。暴力団犯罪の捜査にも役立つかもしれない。アメリカ人として、リベラルとして、反対する理由はありません。

ただ、「共謀罪」法を成立させた政権のやり方は姑息《こそく》。法律の必要性を正面から訴えることなく、テロへの不安を利用して強引に通した。選挙では語らず、国会審議も尽くさなかった。「採決強行」と言われて当然かもしれません。

日本には「共謀罪」法と似ているとされる治安維持法が悪用された歴史があります。乱用を防ぐ措置が不透明で、国民が警戒するのもよく理解できます。

アメリカでは2001年の同時多発テロ後、「パトリオット・アクト（愛国者法）」などができました。テロ防止を目的に、捜査当局が通話やメールの内容を確認できるようになった。当時は「テロ対策のためなら」と国民も納得したが、その後、比較的軽微な犯罪捜査にも使われた。テロを理由にすれば、何でも許される傾向は現代社会の弱点と言えます。

日本の「共謀罪」法が乱用されないためには、どうすればいいか。アメリカでは国民の通信を監視するには厳格な令状が必要です。日本でも第三者機関にチェックさせるなどして捜査当局の身勝手を許さない仕組みを整えた方がいい。

裁判の役割も大きくなるでしょう。例えば、使い捨て携帯電話を購入した事実があっても、それが詐欺目的かどうかの立証はかなり難しい。アメリカの陪審員はうたぐり深いから、不適切な捜査だと判断すれば、すぐ無罪評決を出します。

「共謀罪」法をめぐるネットの議論では、「エコーチェンバー」の現象が見受けられました。直訳すれば「反響室」。同じような考えの人が集まって似た意見を発信し、やまびこみたいに共鳴する。そんな環境に長い間いると、自分の考えを客観的に見ることができなくなってしまいます。

「共謀罪」法についての僕の主張は、みなさんの意見と違うかもしれない。でも、自分と異なる考えに触れることは大事です。僕は意見が異なる新聞もよく読みます。「共謀罪」法は、世論の賛否が二分したまま施行されました。今後も議論を積み重ねながら、よりよい仕組みに改めていく必要があると思います。

（2017年7月12日／聞き手・岩崎生之助）

水野智幸

Tomoyuki Mizuno ◉ 元裁判官

恣意的な運用に懸念

みずの・ともゆき／法政大法科大学院教授で、刑事法が専門。1988年、裁判官に任官。大阪地裁、東京地裁、千葉地裁などで主に刑事裁判を担当。司法試験委員（刑法）も務めた。2012年に退官し、現職。

何が処罰されるのかが不明確。
罪刑法定主義の観点からも問題で、疑問はいっさい解消されていません。

政府は、適用対象は「組織的犯罪集団」であり限定をかけたと言いますが、一般人が含まれるかどうかをめぐり、国会での説明は二転三転しました。犯罪の構成要件である「準備行為」も、「花見か下見かをどう区別するのか」と議論になりましたが、日常の行為との区別は難しい。ひとえに捜査当局が怪しいと見なすかどうか、そのさじ加減にかかっていて、恣《し》意《い》的な運用が懸念されます。

また、犯罪の実行行為という「異変」がおきて捜査が始まるという原則が、根本から変わります。「日常」の中でおきている計画を罪に問うことになるため、事前の任意捜査の範囲が際限なく広がります。

今でさえ、警察が、犯罪の疑いのある人物の自動車にGPS端末を勝手に装着して行動を監視したり、風力発電施設の建設に反対する住民の情報を収集したりしたことが明るみに出ました。熱心な捜査官であるほど日頃から対象に目星をつけていくのではないでしょうか。証拠を集めるために、盗撮や盗聴、メールの傍受、尾行など日常的な監視は不可避なのです。

警察は「共謀罪」という大きな、危うい武器を手にしたわけです。警察内部でチェックが働く仕組み作りがより重要になってきます。監視の方法や捜査対象の選定が恣意的にならないような、内部基準を作っていただきたいと考えています。

裁判官も重大な責任を背負うことになりました。

警察から令状請求があった段階で、厳しい目で審査することが求められます。少しでも疑問があれば、警察に問いただす勇気と矜持《きょうじ》が求められています。

準抗告（不服申し立て）での裁判官の役割も重要です。逮捕された容疑者の勾留について、弁護側が申し立てる準抗告を形式的に退けるのではなく、容疑者の抱える事情に丁寧に耳を傾けるのです。威力業務妨害罪などに問われた沖縄県の基地反対派リーダーについて、裁判所は準抗告を繰り返し却下し、約5カ月の長期勾留を認めることになりました。こうした姿勢は改めるべきです。

犯罪の対象などを厳格化し、乱用を防ぐ基準をいかに構築するか。これからの実務家や研究者の英知が問われています。

（2017年7月10日／聞き手　編集委員・豊秀一）

おわりに

自民党が大勝を収めた2016年の参院選から1カ月余りを経た8月26日。朝日新聞は朝刊1面で「共謀罪要件変え新設案／『テロ等準備罪』国会に提出検討」と特報した。一連の「共謀罪」審議をめぐる報道の始まりである。世論の反発が強く、2000年代に3度廃案となった共謀罪を、安倍政権は東京五輪のテロ対策の一環と位置づけ、適用対象を絞るなどした新法案の提出を検討している、との内容だ。成立すれば、原則的に既遂を罪としてきた刑事司法の原則を覆す大転換となる。日弁連は、監視社会を招くなどとして反対の立場を表明した。

法務省や検察幹部、裁判官経験者の反応は、2通りあった。「テロが頻発する中、治安対策として早急に成立させる必要がある」とする政府の公式見解に沿ったもの。一方、「警察の公安捜査などで乱用される可能性がある。条約加盟のためだけならこんなに幅広く網をかける必要はない」との慎重意見も少なくなかった。賛否を問わず、国会で十分な議論が必要だ、というのが専門家の見解だった。

2016年の臨時国会では、12月にわずか6時間足らずの審議で衆院を通過したカジノ法が成立していた。「安倍一強」とされる構図の中、安保法制、特定秘密保護法に続いて「共謀罪」法も、国民的議論がないまま成立してしまうのか。

17年4月中旬以降、法案は実質審議に入ったが、法相の答弁は不安定で議論は深まらなかった。法案の内容は難解で、世論調査などでもあまり理解されているようには思えない。国民的な議論を喚起するにはどうしたらいいのか。

試みとして朝日新聞社会面で始めたのが、法律家以外の人にも「共謀罪」について意見を求める「問う『共謀罪』」というインタビューシリーズだ。第一シリーズは「表現者たち」として作家ら創作活動に携わる人、第二シリーズは捜査の実務を知る人、第三シリーズはジャーナリスト、第四シリーズは学者、と構想。施行日までに約30人の識者の意見を聞いた。

法律がひとたびできれば、直接・間接に社会全体に影響は広まる。無関心や思考停止こそが民主主義を阻害する。国の重要法案を自分の言葉で考え、語ることに立ち返ってほしい。自分が興味をもてる人の意見から関心を広げていってもらいたいと考えた。だが、インターネット空間を中心に言論が先鋭化するなか、当初は取材を受けてくれる識者は少なく、すでに「物言えぬ社会」が到来しているのを感じた。

それでも、第一シリーズに、映画監督の周防正行氏、漫画家の小林よしのり氏、作家の半藤一利氏、平野啓一郎氏、ドリアン助川氏、落合恵子氏が登場し、声をあげてくれた。連載が始まると、これまでの「共謀罪」報道に比べ、圧倒的な反響があった。特にインターネット上では段違いの数の読者を得て、フェイスブックやツイッターなどで、シェアやリツイートされる形で拡散した。

会期末に向けて議論は盛り上がりをみせたが、最終的には、「中間報告」という強行突破で採決され、成立した。2006年の改正教育基本法成立から始まった安倍政権による「戦後レジームからの脱却」の試みは、ついに憲法改正という本丸を残すのみとなった。

今回、書籍化にあたって、「問う『共謀罪』」のインタビューを再録するとともに、ご登場いただいた識者のうち5人の方に、この10余年にわたる日本の変容について論じていただいた。

思想家の内田樹氏は、国民国家という概念が液状化する中、安倍政権は「米国の属国の代官」として強権を維持する仕組みを作ろうとしている、と見立てた。歴史学者の加藤陽子氏は戦前の歴史との類似点を挙げ、強引な政権運営に警鐘を鳴らした。作家の髙村薫氏は、異論を排除する空気感が広がる社会の中での言葉の大切さを訴えた。半藤一利氏は「ポイント・オブ・ノーリターン」＝「歴史の戻れない地点」に至らんとしている現状を指摘。一方、国際政治学者の三浦瑠麗氏は憲法改正を目指す安倍政権は大きく間違っていないと述べ、護憲勢力の教条主義的な姿勢に疑問を呈した。

収録したインタビューは、朝日新聞の岩崎生之助、山本亮介、後藤遼太、小林孝也、金子元希、阿部峻介、市川美亜子、高木智子、豊秀一の各記者が分担した。長谷川玲部長ほか社会部の同僚たちには有意義な助言をいただいた。新書としてまとめるにあたって、朝日新聞出版の友澤和子さん、宇都宮健太朗さん、星野新一さんには大変お世話になった。

そして、「問う『共謀罪』」シリーズに貴重な意見を寄せてくださった朝日新聞・朝日新聞デジタルの読者のみなさまに心から感謝し、御礼申し上げます。

朝日新聞社会部次長　三橋麻子

朝日新書
636

もの言《い》えぬ時代《じだい》

戦争・アメリカ・共謀罪

2017年10月30日第1刷発行

著　者　内田 樹　加藤陽子　髙村 薫　半藤一利　三浦瑠麗
落合恵子　ドリアン助川　小林よしのり
平野啓一郎　周防正行　溝口 敦　荻上チキ　青木 理
宮嶋茂樹　江川紹子　田原総一朗　池内 了
尾木直樹　小澤俊夫　亀石倫子　杉浦正健
荻野富士夫　パトリック・ハーラン　水野智幸

編　者　朝日新聞東京社会部

発行者　友澤和子
カバーデザイン　アンスガー・フォルマー　田嶋佳子
印刷所　凸版印刷株式会社
発行所　朝日新聞出版
〒104-8011　東京都中央区築地5-3-2
電話　03-5541-8832（編集）
03-5540-7793（販売）

ISBN 978-4-02-273736-6
定価はカバーに表示してあります。